다람살라에서 보낸 한 철

다람살라에서 보낸 한 철

임 바유다스 지음

아시아

"세상에 인간의 삶보다 중요한 건 없으며
그건 내 신념이기도 합니다.
내겐 태양도 신이고 달도 신입니다.
그건 인간에게 선물과도 같은 것입니다.
나는 신을 믿지 않는다고 말할 수 없지만,
그리고 시바 신을 내면 깊은 곳으로부터 존경하지만,
사원에 모셔놓은 돌이 신의 존재를 대신할 수는 없습니다.
다시 말하지만 신성은 신의 형상을 한 돌이 아닌
우리의 가슴에 존재하는 것이기 때문입니다."

-다람살라 소설가 발라브 도브할, 본문 중에서-

차례

다람살라로 가는 길   07

인도의 작은 라싸, 맥그로드 간즈   17

나의 티베트 친구들   29

다람살라의 눈사자, 츠링 도르제   37

히말라야가 된 바기 람 요기   46

피자의 힘   57

새벽의 코라   68

즐거운 이웃들 1   76

즐거운 이웃들 2   94

다람살라의 두 작가   108

차밭의 정담   121

아주 오래된 사원   132

다람살라로
가는 길

나는 30년 가까이 한 해의 절반가량 배낭을 둘러메고 인도를 비롯한 여러 국경을 넘나들었다. 그러면서 그 땅의 진정한 문화는 서적이나 오래된 유적지가 아니라 현재 그 땅에 뿌리를 내리고 살아가는 사람들 속에 있다고 믿게 되었다.

물론 여행 초창기엔 무수히 많은 유적과 박물관과 건축물들을 둘러보았다. 그러나 시간이 흐르자 과거의 유물에 대한 관심은 서서히 줄어들었다. 당연한 얘기지만 동서양은 물론 어느 나라 박물관에 가든 인간의 상상력이 만들어낸 결과물은 대체로 비슷했다. 그에 비한다면 손을 잡고 직접 호흡을 나눌 수 있는 사람들이야말로 생생하고 감동적인 문화의 총체였다.

나는 여행을 거듭할수록 유물이나 유적지 대신 사람들 속으로 파고들었다. 그들은 내게 살아 숨 쉬는 서적이었고, 영감을 자극하는 재료였으며, 인도인들의 표현처럼 각자 신성하고 고귀한 사원의 다른 이름이 었다. 사람과의 만남이야말로 여행이 주는 가장 큰 매력이었다. 동시에 그것은 끊임없이 나를 길에서 길로 불러내는 촉매이자 거부할 수 없는 유혹으로 작용했다.

언제부터인지 알 수 없지만 나는 또 크고 오래된 나무를 좋아했다. 어쩌면 그것은 넉넉한 그늘을 만들어주던 시골 마을의 커다란 느티나무에서 기인한 건지도 모른다. 그런 마음은 인도 대륙과 히말라야 골짜기를 떠도는 동안 나무 아래 똬리를 틀고 앉은 요기들과 교감하면서 더욱 깊어졌다. 그들과 산중에서 며칠씩 대화를 나누다 보면 나 역시 출가 수행자가 되어버린 듯 내면 깊은 곳에서 희열마저 솟아나곤 했었다.

이른 아침, 다람살라Dharamsala 박수나트Bhagsunath 마을에 도착한 나는 곧장 오랜 친구 밀랍Milap이 운영하는 아쇼카 호텔Ashoka Hotel로 들어섰다. 밀랍은 이곳에서 서미트 어드벤처스Summit Adventures라는 히말라야 트레킹 전문 여행사와 식당 및 호텔을 운영하고 있었다. 얼마 후 전화를 받고 밀랍과 그의 둘째 형 수바시Subhash가 달려왔다. 그들은 내가 지쳐 보였던지 호텔 방 하나를 그냥 내줄 테니 며칠 동안 쉬다가 천천히 장기 투숙할 장소를 알아보는 게 어떠냐고 제안했다.

아쇼카 호텔은 요즘 같은 성수기엔 하룻밤 숙박비가 현지 노동자 반달치 급여에 버금가는 고급 숙박업소였다. 오랜만에 찾아온 친구를 위해 그런 수입을 포기하는 따스한 배려가 고마웠다. 밀랍은 오래 전, 길에서 주운 삼천 달러와 여권을 수소문 끝에 주인을 찾아 돌려줄 정도로 정직한 성정을 지닌 사람이기도 했다.

내가 폐를 끼칠 생각이 조금도 없다고 손사래를 치자 밀랍은 어쩔 수 없다는 듯 어딘가로 전화를 걸었다. 얼마 후 그는 적당한 장소를 찾아냈는지 숲속에 위치한 소박한 민가로 나를 안내했다. 비좁은 골목에 세워진 두 평쯤의 소박한 힌두교 사원을 지나 민가 끝자락에 자리한 단독주택이었다. 네 개의 방에 각각 주방과 욕실이 딸린 단출한 구조였는데, 조용하고 전망까지 훌륭해서 나 같은 장기 여행자가 눌러앉기에 적당한 장소였다.

실제로 그 집엔 이미 이탈리아 국적의 장 카르노Jang Carno, 캐나다 국적의 티아나Tianna, 콜카타에서 온 액세서리 세공사 고락Golak과 그의 두 동료가 월세로 살고 있었다. 그리고 남아 있던 방 하나를 내가 차지하게 되었다. 집 주인 수리Suri는 박수나트에서 산길을 따라 삼십 분쯤 올라간 다람콧Dharamkot 마을에 거주하고 있어서 어쩌다 한 번 얼굴을 내미는 정도였다.

내가 즉석에서 그 집에 머물기로 작정한 건 마당 앞에 버티고 선 한 쌍의 크고 오래된 나무에 이끌린 탓도 있다. 그 뒤편으로 해발 사천사백 미터의 다울라다르Dhauladhar 산맥에서 트리운드Triund 봉우리를 거쳐 흘러내린 능선이 장쾌하게 펼쳐지고 있었다. 방문을 열자마자 대략 이십여 미터에 달하는 오크트리와 그 왼편에 자리한 이름을 알 수 없는 또 다른 나무 한 그루가 기다렸다는 듯 눈에 들어왔다. 오크트리는 전통의

상을 걸친 인도 중년 여인의 넉넉한 몸매를 닮았고, 다른 한 그루는 제법 성깔이 만만치 않은 사내처럼 울퉁불퉁한 근육질의 밑둥치를 드러내고 있었다.

그들은 수종이 달랐지만 오랜 세월 서로를 넉넉하게 품어온 부부처럼 다정한 분위기를 자아내고 있었다. 나뭇가지에 달린 잎사귀 또한 어찌나 촘촘하고 무성한지 멀리 산자락을 절반이나 가려버릴 정도였다. 마침 계곡에서 불어오는 청량한 산들바람에 오밀조밀한 잎사귀들이 몸을 비벼대며 속살거렸다. 오른편으로 펼쳐진 일곱 개의 다랑이 밭에서 노랗게 익어가는 밀알들까지 그 소리에 귀를 기울이는 것처럼 여겨졌다.

"밀랍, 자넨 내 취향을 어쩌면 그토록 정확하게 알고 있는가? 마음에 드는 방을 이처럼 빨리 구하게 될 줄은 몰랐네."

"예전에 임지를 다섯 해쯤 지켜보지 않았는가. 임지는 건물은 허름해도 창문이 크고 전망이 좋은 집을 선호했었지. 그렇지 않은가?"

인도에서 인연이 된 친구들은 대부분 나를 '임지'라고 불렀다. 오랜 세월 길을 떠돌면서 어느 정도 나이가 들어버린 내게 선생이란 의미인 힌디어 '지'를 붙여 부르는 호칭이었다.

"이번에도 자네 덕에 좋은 장소에 머물게 되었네. 그런데 친구 역시 여독에 시달린 나만큼이나 피곤해 보이는데 대체 어쩐 일인가?"

"어젯밤 친지 결혼식에 참석했다가 늦게 귀가했는데, 새벽부터 아들 녀석이 놀자고 깨우는 바람에 잠이 부족해서 그렇다네. 사실 일요일은 집에서 쉬고 수바시 형만 출근하는 날인데 임지를 보려고 냉큼 달려 왔지."

"아들놈은 지금 다섯 살쯤 되었는가?"

"어느새 그렇게 되었다네."

밀랍은 결혼이 늦은 편이었다. 이메일을 통해 알게 된 얘기지만 몸이 약한 밀랍의 아내가 첫 아이를 유산하는 바람에 뒤늦게 본 아들이었다. 나도 아직 아브히난단Abhinandan의 얼굴을 사진으로나 보았을 뿐이었다.

"밀랍, 혹시 다람살라의 재미난 풍속과 관련된 행사가 있으면 알려주게. 전통 혼례 같은 것도 마찬가지고."

"며칠 후 처갓집에서 조카의 배냇머리를 자르는 잔치가 있는데 그런 걸 말하는 건가? 여기선 아이가 두 돌이나 세 돌이 지나면 친인척을 초청해 그런 행사를 벌인다네."

"그거 재밌겠네. 그런데 요즘 자네 집사람 아누Anu의 건강은 어떠신가?"

"예전보다 많이 좋아진 편이야. 지금은 잠시 친정에 갔지. 사흘 후 가서 데려와야 한다네."

나는 깜짝 놀라 되물었다.

"그럼 지금 다섯 살배기 아들이 엄마도 없이 혼자 집을 지키고 있단 말인가?"

"뭐, 할머니도 계시고 사촌형제인 아리얀Ariyan이 잘 놀아주니까 괜찮네."

"맙소사! 넌 내게 둘도 없는 좋은 친구지만, 아들에겐 형편없는 십팔 원짜리 아버지로군. 이런 무정한 사람을 보았나!"

"왜 하필이면 십팔 원인데?"

"인도 화폐 단위로 일 루피Rupee가 한국 돈으로 십팔 원쯤 되니까. 한국에선 그 숫자가 욕설처럼 사용되기도 하구."

"자네 익살은 세월이 지나도 여전하구먼."

"이 사람아, 우리는 내일 만나면 되니 빨리 집으로 돌아가게. 아빠의 휴일을 빼앗았다고 그 녀석이 날 미워할까 걱정이네. 그리고 아브히난단에게 이것도 좀 전해주고."

나는 한국에서 선물로 가져온 크레파스를 그의 손에 쥐어주었다. 얼마 후 등을 떠밀린 밀랍이 집으로 돌아가자 극심한 피로가 몰려왔다. 이틀 동안 제대로 잠을 자지 못한 탓이었다.

나는 침대에 누워 창문으로 오크트리를 바라보았다. 바람에 온몸을 내맡긴 조밀하고 무성한 잎사귀들이 쉬지 않고 춤을 추어댔다. 그 속에서 밝은 초록색을 띤 작은 새들과 그보다 훨씬 몸집이 큰 십여 마리의 긴 꼬리 새들이 숨바꼭질하듯 나뭇가지 사이로 날아다녔다.

오크트리 안에 그렇게 많은 새들이 살고 있으리라곤 짐작도 못한 일이었다. 몸통에 비해 두 배쯤 긴 꼬리가 신화 속에 나오는 새들을 연상케 했다. 그들을 보고 있자 비로소 신들의 대지로 돌아왔음을 실감할 수 있었다.

어제 저녁, 뉴델리New Delhi 역을 출발한 잠무 라즈다니 특급기차Jammu Rajdhani Express 는 새벽 네 시쯤 파탄코트 캔트Phathankot cantt 역에 도착했다. 기차에서 내리자 고적한 밤하늘로 반달이 떠올라 있었다. 온몸을 천으로 감싼 채 플랫폼에서 잠든 사람들의 모습이 마치 염을 마친 시신처럼 보였다.

기차에서 내린 승객들은 미명의 어둠 속으로 뿔뿔이 흩어져갔다. 그동안 다람살라에 관한 꿈을 얼마나 자주 꾸었던가. 나는 형언할 수 없는 감상에 젖어 새벽의 역사 풍경을 둘러보았다.

십 년 전, 다람살라에서 보낸 다섯 해의 세월이 엊그제 일처럼 새록새록 떠올랐다. 티베트의 정신적 지도자 달라이 라마로 상징되는 산중도시, 나는 눈을 감고도 맥그로드 간즈Mcleod Ganj의 좁은 골목과 산자락과 정다운 친구들의 얼굴까지 선연히 떠올릴 수 있었다.

아직 동이 트려면 먼 시간이었다. 한 시간쯤 후 나는 대합실을 빠져나와 택시에 몸을 실었다. 파탄코트 시가지는 여전히 깊은 잠에 빠져 있었다. 예전에도 이 도시를 수없이 경유했지만 대낮에 마주한 적은 거의 없었다. 이번처럼 새벽에 도착하거나 다람살라에서 내려와 저녁 기차로 떠나기를 반복한 탓이었다. 델리에서 다람살라 맥그로드 간즈까지 왕복하는 장거리 버스가 있긴 하지만, 나는 파탄코트에서 완행버스나 택시로 갈아타는 불편을 감수하면서 주로 밤기차를 이용했었다.

얼마 지나지 않아 차창 밖으로 새벽이 밝아오기 시작했다. 나는 택시기사 로비Robi에게 가능하면 천천히 운전할 것을 부탁했다. 친숙한 도로변 풍경에 눈길을 주고 있자 오랜만에 고향으로 돌아가는 탕아처럼 묘한 기분이 들었다.

"로비, 특별히 바쁜 일이 없다면 차나 한 잔 마시면서 쉬었다 가도 될까요?"

"오늘은 가네샤Ganesha 신께서 당신을 보내주신 덕분에 충분한 벌이가 되었습니다. 그러니 전혀 서두를 필요가 없지요. 마침 도로변에 제가 아는 단골 찻집이 하나 있습니다."

"그렇다면 당신의 가네샤 신을 위해 그곳에서 차를 마시도록 합시다."

"손님께서도 힌두교 신들을 믿으십니까?"

"그저 인간처럼 질투하고 싸우고 화해하면서 명분을 중시하는 신들에게 친밀감을 갖고 있는 정도입니다."

택시 기사 로비 역시 모든 일이 신에 의해 결정된다고 생각하는 전형적인 힌두교인이었다. 그가 언급한 가네샤는 사람의 몸에 코끼리 형상의 얼굴을 지닌, 지혜와 부유함을 상징하는 신이었다. 지역에 따라 다르지만 보통 네 개의 팔을 가지고 있는데 이는 각각 땅과 물과 불과 바람을 의미하고, 항아리처럼 둥글고 뚱뚱한 배는 우주를 뜻하며, 긴 코는 온갖 장애물을 제거하는 도구를 상징했다.

시바Shiva 신과 그의 부인 파르바티Parvati 여신 사이에서 태어난 가네샤가 처음부터 코끼리 머리를 달고 있던 건 아니었다. 시바의 실수로 목이 잘렸다가, 아들을 잃고 슬퍼하는 파르바티를 위로하기 위해 코끼리 머리를 바꿔 붙여 다시 살아나게 된 신이었다. 졸지에 목이 잘려나간 코끼리에겐 우유의 바다에서 불사의 존재이자 코끼리들의 왕으로 다시 태어나는 보상이 주어졌다.

창조의 신 브라흐마Brahma는 그런 가네샤에게 '항아리 배를 가진 아이'라는 이름과 함께 목에 거는 염주를 선물했고, 교육의 신 사라스바티Sarasvati는 여러 색깔의 잉크와 펜을, 신들의 왕 인드라Indra는 강인한 호랑이 피부를, 신들의 스승 브리하스파티Vrihaspati는 희생제에 사용하는 실을, 그리고 대지의 여신은 마차를 끌 수 있는 쥐를 각각 선물해주었다. 인도의 어느 사원에서나 흔히 접하게 되는 가네샤 신상은 이처럼 여러 신들로부터 받은 성스러운 물건들로 온몸을 장식하고 있다. 그것은 다람살라 박수나그Bhagsunag 사원의 가네샤에서도 확인할 수 있다.

얼마 후 택시는 국립공원 캉그라Kangra 계곡에 접한 작은 찻집 앞에 멈추었다. 로비는 설탕과 생강을 찧어 넣은 인도 전통차인 차이Chai를, 나는 설탕을 뺀 홍차를 주문했다. 안개 속에 찻잔을 들고 바라보는 밀밭이 그렇게 평화로울 수 없었다. 한동안 다른 나라를 떠돌면서 잊고 살았던 캉그라 계곡의 전형적인 새벽 풍경이었다.

산중에서 불어오는 바람은 달고도 신선했다. 나는 수도꼭지에서 콸콸콸, 쏟아지는 물로 비누도 없이 세수를 하고 머리까지 감았다. 조금이라도 맑은 정신으로 다람살라를 만나고 싶어서였다. 찻집 주인에게 보라색 꽃이 만발한 가로수 이름을 묻자 그저 이름 없는 나무에 불과하다고 심드렁하게 말했다. 저토록 아름다운 꽃을 정갈하게 피워내는데 어찌 이름이 없을 것인가.

얼마 후 다시 출발한 택시는 캉그라 계곡을 옆에 끼고 계속 달렸다. 창밖 도로변으로 신을 모셔놓은 소박한 사원들이 연이어 나타났다. 힌두교 신들의 처소라고 해서 크거나 화려한 게 아니었다. 사원의 규모 같은 건 신을 팔거나 모욕하며 살아가는 자에게 필요한 것이지 일상처럼 신성을 추구하는 사람들에겐 겉치레에 불과한 일이었다.

그런 의미에서 본다면 여기 다람살라로 가는 산중이야말로 인간이 신들과 일상처럼 교감하며 살아가기에 적합한 장소였다. 사원을 지키는 오래된 반얀나무 밑에 무심한 듯 가져다놓은 몇 개의 물 항아리와 컵들이 그 증거였다. 언제부터 누가 시작했는지 모르지만, 길손에게 목이라도 축이고 가라는 주민들의 배려야말로 신을 닮은 사람들이 베푸는 고귀한 마음일 터였다.

인도의 작은 라싸,
맥그로드 간즈

다람살라는 해발 천삼백여 미터의 광활한 분지 지역과 천팔백여 미터 남짓에 자리한 맥그로드 간즈와 보다 깊은 산중마을로 이루어져 있어서 기후 변화가 심한 편이다. 연간 강수량 또한 동북 지역의 다르질링Darjeeling에 이어 인도에서 2위를 기록할 정도여서 우기엔 매일 한두 차례씩 비가 내린다. 그러나 우기를 제외하면 일조량이 풍부하고 날씨가 선선해서 인도의 작은 알프스로 불리는 마날리Manali, 심라Shimla와 함께 히마찰 프라데시Himachal Pradesh 주의 대표적 휴양지로 손꼽힌다.

티베트 망명정부가 들어서고 달라이 라마가 거주하면서 주목받기 시작한 다람살라는 원래 목축업을 하던 히말라야 가디Gaddi족의 땅이었다. '왕의 방석'이라는 뜻을 지닌 부유한 가디족에게 이곳 산자락은 양이나 염소 떼를 기르기에 천혜의 환경을 갖춘 장소였다.

요즘에도 트레킹을 하다 보면 히말라야 골짜기에서 한가로이 풀을

뜯는 수많은 염소나 양떼가 눈에 띈다. 양치기들은 한번 집을 나서면 산중움막에서 가축들과 먹고 자면서 생활해야 했다. 그렇게 여섯 달가량 지나서야 살을 잔뜩 찌운 가축을 몰고 집으로 돌아올 수 있었다.

조상 대대로 산중생활을 해온 가디족에게 신은 여간 각별한 존재가 아니었다. 내가 밀랍에게 들은 가디족에게 구전되는 신화 역시 그러했다. 이곳 양치기들은 오래전부터 부적처럼 금으로 만든 귀고리를 달고 다녔다고 한다. 그런데 어느 날 한 양치기가 산중호수에서 얼굴을 씻다가 귀고리 하나를 물속에 빠트리고 말았다. 그는 시바 신께서 자신의 귀고리를 좋아해 가져간 것이라고 여겨 나머지 한 개마저 호수에 바쳤다.

여섯 달 후 마을로 돌아온 양치기는 맑은 물이 솟아나는 집 근처 샘터에서 몸을 씻게 되었다. 그런데 그곳에서 시바 신에게 바친 귀고리 두 개가 떠올랐다. 깜짝 놀란 양치기는 그 자리에서 귀고리를 돌려준 시바 신에게 감사의 기도를 올렸다. 어찌 보면 매우 단순한 구조를 지닌 서사처럼 보이지만, 이런 종교적 믿음이야말로 가디족이 위험하고도 고독한 산중생활을 지속할 수 있는 배경이 되었을 것이다.

이처럼 수천 년 동안 가디족의 평화로운 땅이었던 다람살라는 근대에 이르러 변화의 소용돌이에 휘말리게 되었다. 인도를 식민지로 삼은 영국이 1849년, 이곳에 군 기지를 건설하고 맥그로드 간즈를 여름철 휴양지로 사용하면서 외지인이 밀려들기 시작한 것이다. 당시 영국인 총독이었던 엘긴Elgin은 자신이 죽으면 시신을 이 골짜기에 묻어달라고 부탁했을 만큼 다람살라의 경관을 각별히 사랑했다.

그러다가 1905년에 이 지역을 강타한 지진으로 다람살라는 순식간에 폐허의 땅으로 전락했다. 이만 명이 넘는 희생자를 발생시킨 엄청난 규모의 강진이었다. 그로 인해 영국의 여름 휴양지는 또 다른 히말라야 산자락인 심라Shimla 지역으로 옮겨졌다.

그 사건 이후 인도 당국은 산중마을 주민들에게 아랫동네로 이주할 것을 권고했다. 산세가 가파른 맥그로드 간즈 주변보다 분지 형태의 로우 다람살라가 지진이나 산사태로부터 비교적 안전하다고 판단했기 때문이었다. 폐허로 변해버린 맥그로드 간즈 일대와 주변의 산중마을은 외부 사람들로부터 서서히 잊혀졌다.

그러다 제2차 세계대전이 끝나면서 다람살라 골짜기로 다시 사람들이 몰려들기 시작했다. 자연주의 삶을 표방한 히피들에게 기온이 선선하고 경관이 수려한 이곳은 지상낙원처럼 여겨졌다. 순박한 주민들은 세계 각지에서 찾아든 찢어진 청바지와 맨발 차림의 히피들에게 기꺼이 방을 내주었다. 그렇게 스며든 히피 문화는 다람살라에 또 다른 생명력과 변화를 불러왔다. 얼마 전까지 깊은 숲속에 기거하면서 그림을 그리던 마지막 히피 세대 일본인 켐지Kemji 또한 그 가운데 한 사람이었다.

1959년, 다람살라엔 다시 한 번 격변의 바람이 불어 닥쳤다. 중국의 탄압을 피해 티베트에서 탈출한 달라이 라마가 이곳에 도착한 것이다. 당시 달라이 라마는 인도 수상 네루Nehru가 제공한 몇 군데 후보지로 은밀하게 측근을 파견했었다. '물이 우유처럼 좋다'는 이유로 다람살라가 데라둔과 뱅갈로르를 제치고 독립운동의 근거지로 선택되었다. 그렇게 티베트 망명정부가 수립되자 일개 산중마을에 불과하던 다람살라로 세계의 이목이 집중되었다.

티베트의 13대 달라이 라마였던 툽텐 갸초Thupten Gyatso는 세상을 떠나기 전 측근에게 자신의 환생을 암시하는 몇 가지 정황을 남겼다. 다리에 호랑이처럼 줄무늬가 선연하고, 활처럼 휘어진 눈썹을 지녔으며, 손바닥에 조개 모양의 손금이 있고, 어깨에 두 개의 사마귀와 긴 팔을 가지고 태어난 사내아이를 찾으라는 게 그것이었다.

1935년 티베트 북동 지역 암도Amdo에서 농부의 아들로 태어난 텐진 갸초Thenzin Gyatso는 후계자의 조건에 완벽하게 부합한 인물이었다. 그는 전임자가 사용하던 염주와 유품을 고르는 등 전통에 따른 절차를 거쳐 두 살 때 달라이 라마의 환생으로 인정받았다. 어려서부터 엄격한 엘리트 교육을 받으며 성장한 그는 이윽고 18세가 되자 티베트 수도 라싸Lassa에서 14대 달라이 라마로 정식 즉위하게 되었다.

1959년, 일반 병사의 복장으로 티베트를 탈출해 다람살라에 정착한 달라이 라마는 금세 관심의 초점이 되었다. 그를 따라온 팔만 명의 티베트인 역시 다람살라에 사원과 학교를 세우고 독립운동을 이어갔다. 달라이 라마를 좇아 다람살라로 향하는 탈출 행렬은 지금도 진행 중이다.

그는 세계를 돌아다니며 관용과 평화의 메시지를 전하는 한편, 티베트의 독립을 지지해달라고 호소하고 있다. 달라이 라마는 1989년에 노벨 평화상을 수상하기에 이르렀고, 티베트 불교가 세상에 널리 알려지면서 다람살라엔 이방인의 발길이 더욱 잦아졌다. 달라이 라마와 오랜 친분을 지닌 영화배우 리처드 기어 역시 여길 자주 찾는 사람 가운데 하나이다.

2011년이 되자 달라이 라마 14세는 스스로 정치 지도자에서 물러나는 결단을 내렸다. 세상의 변화에 맞춰 새로 선출된 총리에게 권한을 넘기겠다고 선언한 것이다. 미국 하버드대학에서 연구교수로 재임하던 롭상 상가이Lobsang Sangay가 망명정부 총리로 선출되어 그 자리를 대신하게 되었다. 달라이 라마 14세는 현재 정기적으로 법문을 여는 등 종교 지도자로서만 활동하고 있다. 종교적 일체감으로 형성된 달라이 라마와 티베트 국민들과의 끈끈한 유대를 새로운 총리가 어떻게 대신할지는 지켜봐야 할 일이다.

맥그로드 간즈 주 광장은 크고 작은 길이 여덟 갈래로 나누어진 교통의 요충지이다. 도로가 팔거리로 나누어졌다고 해서 도심의 넓은 규모를 상상한다면 오산이다. 그저 광장으로 불리고 있을 따름이지 크기는 대략 백여 평 남짓에 불과하다. 산중 경사면을 따라 건물들이 빽빽하게 들어서다 보니 광장 또한 작게 만들어질 수밖에 없었기 때문이다.

그래도 이 광장은 맥그로드 간즈의 중심지 역할을 톡톡히 한다. 팔거리 가운데 다른 도시에서 대중교통을 통해 들어오는 진입로가 그나마 가장 넓은 편이고, 거기서 시계 방향으로 두 번째 길은 유치원부터 고등학교까지 갖춘 티베트어린이난민학교Tibetan Children's Village를 거쳐 달 호수Dal Lake와 산중마을 나디Nadi로 가는 방향이고, 세 번째는 고앵카 Goenka가 설립한 위파사나Vipasana 명상센터와 다람콧 마을로 가는 숲으로 난 오솔길이며, 네 번째는 다람콧 마을 입구를 지나 트리운드 트레킹의 기점인 갈루 데비Galu Devi 사원까지 가는 자동차 도로이고, 다섯 번째는 박수나트 마을과 박수 폭포로 가는 길이며, 여섯 번째 길을 따라 이십여 분 걸어 내려가면 티베트 도서관과 망명정부가 나오고, 일곱 번째는 달라이 라마가 거주하는 저택과 축락캉Tsuglagkhang 사원으로 향하는 길인데 조금 더 내려가면 여섯 번째 길과 합류하게 되며, 마지막으로 여덟 번째 작은 길은 그저 동네 주민들이 오가는 좁은 골목길에 불과하다. 말하자면 이 광장이야말로 다람살라 여러 마을로 통하는 모든 길의 출발점인 셈이다. 더구나 세 개의 길은 자동차를 이용할 경우 막다른 산중마을에 도착하기 마련이어서 다시 광장으로 돌아와야 하는 구조이다.

그런 까닭에 맥그로드 간즈 광장은 누군가를 마중 나왔거나 배웅하는 사람들로 항상 소란스럽다. 세계 각지에서 찾아온 여행자, 현지 주민, 자주색 승복을 걸친 티베트 승려, 전통의상에 앞치마를 두른 티베트 아주머니와 짐꾼들을 보고 있노라면 어느새 다람살라가 국제적인 명소로 자리했음이 실감난다. 이 광장을 중심으로 크고 작은 여행자 숙소와 식당과 상가와 불교 사원과 주택들이 밀집해 있어 인구 밀도 역시 여간 높은 게 아니다. 광장에서 조금만 벗어나면 가파른 경사면을 따라 금방이라도 흘러내릴 듯 위태롭게 세워진 건축물도 상당수에 이른다.

다람살라 현지인들이 주로 사는 다람콧, 박수나트, 나디 마을과 달리 맥그로드 간즈 일대는 주로 티베트 사람들이 거주한다. 티베트의 원래 수도인 라싸에서 이름을 빌어 이곳을 '작은 라싸'라고 부르는 것도 그 때문이다. 맥그로드 골목길을 걸으며 붓다의 가르침이 적힌 룽타lungta 가 만국기처럼 펄럭이는 풍경을 보노라면 만감이 교차한다. 상권 또한 절반 이상 티베트 사람들에게 넘어간 편인데, 그들은 때로 현지인과 부 딪치고 화해하고 융합하면서 타향에서의 고단한 삶을 영위하고 있다.

다람살라엔 티베트 망명정부를 구성하는 여러 기관들도 산재해 있 다. 가장 대표적인 것이 맥그로드 간즈에서 로우 다람살라 시내 방향으 로 이십여 분 내려간 곳에 위치한 티베트 도서관이다. 안에는 망명 당시 가져온 불교 경전과 수많은 종류의 종교 서적이 소장된 열람실은 물론 이고 탱화와 불상 등을 관람할 수 있도록 전시관까지 두루 갖춰져 있다.

또한 도서관에선 티베트어와 불교 강좌 및 탱화 교습이 유료로 열리 기도 한다. 최근에는 티베트 불교에 대한 관심이 증가하면서 강좌에 참 여하는 외국인의 숫자도 점차 늘어나고 있다. 그들을 위해 간단한 부엌 이 딸린 숙소도 갖추어져 있으며 등록 순서에 따라 선착순으로 운영된 다. 곁에 자리한 네충 사원Nechung Monastery에선 달라이 라마나 국가적인 행사와 관련된 신탁 의식이 행해진다. 네충 사원에서 갑자기 나팔소리 가 웅장하게 들려온다면 신탁 의식이 벌어지는 신호라고 보아도 무방 하다.

도서관에서 다시 맥그로드 간즈로 포장도로를 따라 올라오다 왼편으

로 꺾어들면 달라이 라마 거처 입구에 위치한 남걀 사원Namgyal Monastery
이 나타난다. 사원 입구에서 얼마쯤 걸어가면 왼쪽에 작은 규모의 박물
관이 자리하고 있다. 안에는 독립 운동을 하다 희생된 사람들의 영정사
진이 수백 장 걸려 있어 작금의 티베트 현실이 생생하게 다가온다. 내부
한쪽 공간에선 티베트 민중들의 시위 현장을 촬영한 동영상이 종일 방
영되고 있다. 거기엔 분신자살로 저항하는 사람들의 모습도 담겨 있어
관람객을 숙연하게 만든다.

박물관에서 나와 축락캉 사원으로 들어가려면 검색대를 거쳐야 한
다. 달라이 라마와 사원의 안전을 위해 성냥과 라이터까지 압수된다. 달
라이 라마가 집전하는 행사나 법문이 주로 열리는 장소인 중앙회당으
로 올라서면, 손바닥을 치며 문답을 주고받는 승려들과 오체투지로 절
을 올리는 티베트 사람들을 자주 볼 수 있다.

중앙회당을 시계 방향으로 돌다 보면 불상 양편에 파드마삼바바
Padmasambhava와 아발로키테시바라Avalokiteshvara가 모셔진 방이 나온다.
티베트의 광명으로 추앙받는 승려 파드마삼바바와 자비의 부처상인 아
발로키테시바라의 정교하고 화려한 모습을 보노라면 감탄이 절로 나온
다. 벽면을 장식한 탱화엔 남녀의 성교 장면도 그려져 있어 탄트라 불교
의 단면을 엿볼 수 있다. 중앙회당 맞은편이 달라이 라마가 거주하는 곳
인데 그를 접견하려면 맥그로드 사무실에서 소정의 절차를 밟아야 한
다.

다람살라엔 이밖에도 예술가를 양성하는 한편 정기적인 공연이 벌어

지는 티베트 예술단Tibetan Institute of Performing Arts, 티베트 의학 및 점성학 연구소Tibetan Medical & Astro Institute, 티베트 불교와 명상 강좌를 실시하는 투시타 명상센터Tushita Retreat centre 등 여러 기관이 산재해 있어 외지인의 발길이 끊이지 않는다.

다람살라의 식당이나 찻집에 들어서면 어김없이 크고 작은 달라이 라마 사진이 걸려 있다. 어떤 식당엔 티베트 국기와 수도 라싸의 포탈라 궁전 사진이 함께 걸려 있다. 그들은 지도자의 사진을 보면서 망명 생활의 고단함을 위로받는다. 어지간한 인도 식당에 들어가도 달라이 라마 사진이 걸려 있기는 마찬가지이다. 종파를 떠나 출가 수행자를 존경하는 인도 사람들의 오랜 풍습이 빚어낸 풍경이다.

다람살라는 음식 문화도 다른 도시에 비해 무척 다채롭다. 향신료가 주재료인 인도 음식과 육류 중심의 티베트 음식은 물론, 인도식으로 바뀐 정체불명의 유럽 음식도 있다. 한국 식당과 일본 식당까지 성업 중이다. 조금만 관심을 기울이면 이스라엘 음식과 태국 음식을 취급하는 식당도 눈에 들어온다. 그만큼 다양한 국적의 여행자들이 다람살라를 찾고 있다는 증거이다.

티베트 음식은 모모Momo라고 부르는 만두, 텐툭Thenthuk이라고 부르는 수제비, 툭바Thukpa라고 부르는 국수, 그리고 다양한 방법으로 만든 양고기 요리가 주류를 이룬다. 대부분의 음식은 야채, 닭고기, 양고기 등을 자신의 취향에 따라 선택할 수 있도록 메뉴가 짜여 있다. 그들이 육류를 주로 섭취하는 건 티베트 고원지대의 추위를 이겨내기 위한 식

문화에서 비롯되었다. 그래서인지 승려들도 육식에 관해 전혀 거리낌이 없다.

그에 비해 인도 식당에선 다양한 종류의 향신료가 첨가된 요리를 맛볼 수 있다. 인도엔 커리Curry의 종류만 해도 강황, 생강, 양파, 마늘, 커민Cumin 열매, 계피, 정향, 박하, 고수, 고춧가루, 월계수 잎, 계피, 후추 등 백여 종이 넘는다. 그 향신료들을 고기, 채소, 콩 등 음식 재료에 따라 적당한 비율로 배합해 걸쭉하게 끓이는 형태의 음식이 많다. 육류는 종교적인 이유로 쇠고기를 제외한 닭고기, 양, 생선 등이 주를 이룬다.

국토 면적 세계 7위, 인구 세계 2위의 대국인데다 동서 양편으로 바다를 접한 인도는 식재료 또한 여간 풍부한 게 아니다. 남인도 지역에선 주로 쌀을 주식으로 삼고, 북인도에선 밀가루로 만든 음식을 많이 먹는 편이다. 채식주의자를 위한 콩도 그 종류만큼이나 다양한 형태로 요리에 이용되고 있어 외지인의 입맛을 사로잡기에 충분하다.

다바Dhaba라고 부르는 서민 식당에서 가장 흔하게 접하는 음식으로는 탈리Thali를 꼽을 수 있다. 쌀밥, 반죽한 밀가루를 화덕이나 프라이팬에 구운 차파티Chapati, 다양한 커리가 들어간 야채볶음, 콩을 걸쭉하게 끓인 달Dal, 아무것도 첨가하지 않은 요구르트 등을 식판에 골고루 담아내는데, 재료의 종류와 배합 비율에 따라 맛이 식당마다 조금씩 다르다. 특히 달은 껍질을 벗기고 삶은 콩에 향료를 넣고 끓인 것인데 인도인의 밥상에 빠지지 않는 대중적인 음식이다.

쌀밥은 여러 종류의 커리와 함께 먹기도 하고 볶음밥 형태로도 먹는

다. 육수를 넣고 익힌 밥에 채소나 고기를 넣고 다시 볶음밥으로 요리한 것을 플라오^{Pulao}라고 부른다. 비리야니^{Biryani}는 조금 더 복잡한데, 밥에 정향, 월계수 잎, 계피, 고수, 박하, 커민, 생강 등의 향신료와 육류를 가미한 볶음밥이다.

밀가루를 사용해 얇게 구워낸 빵은 크게 차파티, 파로타^{Parota}, 난^{Nan}등 세 가지 종류로 나뉜다. 발효시킨 밀가루 반죽을 사용하는 난은 표면에 버터나 다진 마늘 등을 첨가해 구워낸다. 파로타는 통밀 반죽에 정제버터를 발라 프라이팬에 굽는데 굳이 화덕이 없어도 되므로 간편하게 요리할 수 있는 음식 가운데 하나이다.

인도 요리에선 탄두르^{Tandoor}라고 부르는 항아리 형태의 화덕을 빼놓을 수 없다. 특히 요구르트로 절인 닭에 온갖 향신료를 발라 숯불에 구워낸 탄두리^{Tandoori} 치킨은 미식가들이 선호하는 대표 음식이다. 인도 식당에서 음식을 먹을 때 유의할 점은 반드시 오른손을 사용해야 한다는 것이다. 더럽거나 부정한 것을 만질 때 왼손을 사용하는 인도 사람들의 오랜 풍습 때문이다.

나의
티베트
친구들

오랜만에 맥그로드 간즈 거리를 걷다 보니 감회가 새로웠다. 골목을 배회하며 여자 여행자를 유혹하던 티베트 청년들의 모습은 예전에 비해 현저히 줄어든 것 같았다. 식당과 카페와 기념품 상점의 간판들도 여전히 같은 모습이었다. 도수가 높은 안경을 끼고 털양말을 짜던 노점상 아주머니가 뜨개질을 하다 말고 반갑다는 듯 활짝 웃었다. 짐을 날라주고 구전을 받던 청년은 어느새 삼십대로 접어들었고, 자주 찾던 환전소 주인은 같은 자리에 앉아 지폐를 세고 있다.

여기서 만나 사랑에 빠진 여자가 유럽으로 돌아가자 폐인이 되어버린 중년의 티베트 남자는 어디로 사라졌는지 보이지 않았다. 실연의 상처가 얼마나 컸던지 항상 길모퉁이에서 먹고 자며 연인을 기다리던 남자였다. 몇 년째 씻지 않아 온몸에 때가 덕지덕지 낀 지저분한 몰골이었지만 이웃 사람들은 그에게 날마다 음식을 나눠주었다. 무슨 고집인지 돈은 절대로 받지 않던 사람이었다.

우체국으로 내려가는 길가에 좌판을 벌이고 채소를 팔던 노점상도 여전하긴 마찬가지였다. 우메시는 마치 엊그제 헤어진 사람처럼 악수를 청하며 반가워했다. 나는 그의 단골손님 가운데 하나였는데 갑자기 오래전의 장면 하나가 떠올라 웃음을 터뜨렸다.

나는 과일을 사러 나왔다가 우연히 유럽 여행자와 우메시가 다투는 장면을 목격했다.

"나는 무만 필요한데 왜 무청까지 합쳐서 무게를 재는 겁니까? 어째서 당신들도 먹지 않는 무청을 떼어내지 않고 그대로 저울에 다느냐 말이오? 그건 합리적인 거래가 아니니까 무청을 잘라내고 무만 저울에 올려놓으세요."

나는 걸음을 멈추고 언쟁의 추이를 지켜보았다. 나도 똑같은 의문을 품은 적이 많았기 때문이었다. 실제로 야채장수 곁에는 무게를 단 후 바로 버려진 무청들이 수북이 쌓여 있었다. 그걸 소에게 먹이기 위해 저녁마다 따로 거두어 가는 사람까지 있었다. 이상한 일이지만 인도나 티베트 사람들은 무청을 먹지 않았다. 우리처럼 그늘에 말려 시래기를 만들면 좋을 텐데 아직 그런 지혜가 없는 듯했다.

우메시의 언변은 인도 철학에서 바이블로 여겨지는 '바가바드기타'를 떠올릴 정도로 명쾌했다.

"바나나 껍질을 먹지 않는다고 해서 그걸 벗겨낸 다음 저울에 올려놓는 사람을 본 적이 있습니까? 여긴 인도입니다."

유럽 여행자는 아무런 반박도 하지 못하고 얼굴을 붉혔다. 그 일 이후, 나는 우메시의 설득력에 반해 단골이 되어버렸다.

나는 오랜만에 그에게 농담을 던졌다.

"이봐요. 무청을 떼어내고, 석류 껍질과 바나나 껍질도 벗겨내고, 각각 일 킬로그램씩 주세요."

우메시도 예전의 기억이 떠올랐는지 유쾌하게 웃으며 대답했다.

"오래된 단골손님이니 당연히 그래야겠지요. 대신 수고비를 특별히 두 배로 받아야겠어요. 당신이 없는 동안에 제 인건비가 두 배로 뛰었거든요."

그의 말솜씨는 세월이 흘렀어도 여전했다. 나는 바나나를 사들고 다시 거리 순례에 나섰다. 예전에 비해 별로 변하지 않은 풍경 탓인지 몇 달 만에 다시 돌아온 것처럼 마음이 푸근해졌다.

나는 맥그로드 간즈를 한 바퀴 둘러본 다음 티베트 친구를 만나기 위해 도로변 이층 찻집으로 올라갔다. 찻잔을 앞에 놓고 분주하게 오가는 인파를 내려다보는 건 예전에도 매일같이 반복하던 일이었다. 사방이 시원하게 트여 있고 트리운드 산정이 한눈에 들어와 자주 찾던 단골집이었다.

전망이 근사한 가장자리를 발견하고 막 앉으려는데 찻집 주인 웡두 Wangdu가 화들짝, 놀란 얼굴로 달려왔다.

"임지, 이게 얼마만인가? 그동안 대체 무얼 하고 지냈기에 통 얼굴을 볼 수 없었던 거지?"

"다른 나라를 좀 돌아다녔네. 그리스와 지중해 섬들도 다녀왔고, 두 차례나 미얀마에 들어가 머리를 깎고 위파사나 수행도 했다네."

"미얀마에서 수행하느라 그 길던 머리를 싹둑, 잘랐나 보군. 이번엔 다람살라에서 얼마쯤 머물 계획인가?"

"그건 전적으로 다람살라와 친구들에게 달려 있지."

"여기서 늙어죽을 때까지 살 수도 있다는 얘기로군."

"인생은 항상 떠남과 아쉬움의 연속이 아닌가. 걱정하지 말게. 어쩌면 자네가 먼저 다람살라에서 도망치고 싶어질 만큼 귀찮게 해줄 수도 있으니까."

"내 정신 좀 보게. 오늘은 무얼 마시겠는가?"

"오늘은 다르질링 홍차를 마시고 싶네."

"그렇다면 오늘 차는 내가 사겠네."

다람살라의 티베트 사람들이 그렇듯이 욀두 역시 히말라야 설산을 넘어 조국을 탈출한 난민 신분이었다. 언젠가 욀두는 내게 '어째서 늘 티베트어 대신 영어와 힌디어만 사용하는가, 그럴만한 특별한 이유라도 있는가?' 하고 정중하게 물은 적이 있었다. 그는 티베트 사람이라면 마땅히 티베트어를 사용해야 한다고 점잖게 충고까지 덧붙였다. 나는 무슨 말인가 싶어 잠시 당황했지만 이내 그 의미를 짐작할 수 있었다. 내가 티베트어를 몰라서 미안하다고 대답하자 그는 별 이상한 사람을 보았다는 듯 고개를 갸웃거렸다.

이튿날 찻집을 다시 찾은 나는 사실은 한국에서 온 장기 체류자라고 알려주었다. 그는 당황한 표정을 지었다가 이내 자지러지게 웃었다. 나를 이 년 넘게 지켜보면서 티베트 사람으로 오인한 탓이었다.

그 사건 이후 윙두는 나를 만날 때마다 인사말 대신 '너 진짜 한국인 맞아?'라고 놀려대곤 했다. 아무리 봐도 내가 티베트 암도 지역 사람들과 똑같이 생겼다는 것이었다. 나 역시 '너 정말 티베트인 맞지? 아무리 봐도 한국 사람처럼 보여.'라고 맞장구치면서 막역한 친구가 되어버렸다.

어느 날 내가 티베트 막걸리 창을 좋아한다는 걸 알고 윙두는 모친에게 부탁해 집에서 담근 술을 한 말이나 가져다줄 정도로 인정이 많은 친구였다.

나는 윙두와 한참 수다를 떨다 탱화작가 캘상Kalsang의 집으로 향했다. 그는 탕카Tankar라고 부르는 티베트 탱화를 그리는 친구였다. 캘상은 어려서부터 티베트 문화를 전수하는 도서관에서 탱화를 공부했다. 또 다른 친구 나왕이 뛰어난 예술적 감성을 지닌 천재형 작가라면 캘상은 우직하고 성실한 노력형 작가였다. 그 둘은 많은 경쟁자를 물리치고 달라이 라마 거처로 뽑혀가 두 해 동안 탱화 작업에 참여했을 만큼 뛰어난 재능을 인정받았다.

캘상 집으로 들어서자 계단을 청소하던 그의 부인 돌마Dolma가 빗자루를 내려놓고 반갑게 맞아주었다.

"이게 웬일이람. 대체 얼마 만에 돌아온 거예요?"

그녀는 내 손을 잡고 반갑다는 듯 마구 흔들었다. 캘상이 무슨 일인가 싶어 이층에서 고개를 내밀더니 한 손에 붓을 든 채 쫓아내려왔다.

"캘상, 지금도 작업하다 내려오는 중이지? 그 방에서 십 년 동안 자지도 먹지도 않고 줄곧 탱화만 그려댄 얼굴인데?"

내 농담에 캘상은 싫지 않은 듯 손을 내저으며 웃었다. 실제로 그는 밥 먹고 잠자는 시간을 제외하면 항상 손에서 붓을 내려놓지 않던 친구였다. 아내와 두 자녀를 건사하기 위해 어쩔 수 없는 일이었지만 그의 성실성은 가히 경이로울 정도였다.

"이번엔 친구가 틀렸네. 요즘엔 이층에서 학생들에게 탱화를 가르치고 있지. 한번 구경해볼래?"

"그거 좋지."

캘상의 말대로 방을 개조한 이층 세 개의 교실에선 열댓 명의 청년들이 작업에 열중하고 있었다. 방석을 깔고 앉아 붓질에 여념이 없는 그들에게서 후끈한 열기가 전해져왔다. 학생들의 수준과 난이도에 따라 교실을 따로 구분한 모양이었다.

잠시 후 돌마가 남편 일을 방해하지 말고 응접실로 내려와 차를 마시자고 불렀다. 티베트인들이 즐겨 마시는 버터차를 권하는 그녀의 입가에 미소가 떠나지 않았다. 나는 응접실 내부를 둘러보다 예전과 너무 달라진 살림살이에 놀라고 말았다. 벽걸이용 평판 텔레비전을 비롯해 제법 고가에 속하는 가구들이 적당한 위치에 보기 좋게 자리하고 있었다.

"돌마, 성실한 캘상 덕분에 이제 고생스런 시절이 다 지난 것 같군요. 아이들은 학교에 갔는지 보이지 않네요?"

"애들은 데라둔Dehradun에 세운 티베트 중등학교로 유학을 보냈어요. 우리도 방학 때나 볼 수 있는 걸요."

나는 돌마 부부의 성공을 진심으로 축하해주었다. 예전의 그녀는 세 동으로 이루어진 빌라 관리자로 일하면서 가난한 예술가 남편을 뒷바라지했었다. 건물 주인이 제공한 사무실을 겸한 방 한 칸이 그들의 살림집이었는데, 그 좁은 공간에서 아이들과 네 식구가 어렵게 살아야 했다. 그런 실정이다 보니 캘상에겐 지금과 달리 변변한 작업실도 없었다.

당시 나는 두 해 동안 돌마가 관리하는 빌라에 월세로 살고 있었다. 한 평 반쯤의 현관에 쪼그려 앉아 온종일 작업에 열중하던 캘상의 모습은 여간 궁색해 보이지 않았다. 탱화를 한 점이라도 더 그려야만 그것을 팔아 물감을 사고 가족도 부양할 수 있었다. 그러나 돌마 부부는 가난한 살림에도 불구하고 언제나 웃음을 잃지 않았다.

나는 간혹 그의 면전에서 손을 내저으며 작업에 열중한 캘상을 놀려대곤 했었다.

"캘상, 도대체 어디로 숨어버린 거지? 아, 오늘은 아예 그림 속으로 사라져버렸구먼. 혹시 여기 부처님 옷자락 뒤에 숨어 있나? 제발 무리하지 말고 산책도 좀 하면서 쉬엄쉬엄 일해! 자칫 그렇게 쪼그려 앉은 채 입적이라도 하는 날엔 어쩌려고 그러는 거야?"

"예술가라면 당연히 그래야만 하는 거 아닌가?"

캘상은 말대꾸를 하면서도 손에서 붓을 내려놓지 않았다. 나는 그런 캘상을 위해 가끔 탱화를 한 점씩 팔아주곤 했었다.

얼마 후 캘상이 이층에서 응접실로 내려왔다. 장기 체류자에게 임대하던 빌라를 두 층이나 교실로 사용할 만큼 형편이 좋아진 탓인지 그의 표정이 한결 여유로웠다.

"요즘에도 쉬지 않고 일을 하는가?"

"일요일엔 나도 쉰다네. 아내와 무수리로 아이들을 보러 가거나 친구들을 만나기도 하지."

"돌마, 이런 추세로 가다간 나중에 이 빌라 세 동을 모두 사버리는 게 아닌지 모르겠네요?"

"고마워요. 그렇지만 저는 지금도 충분히 행복합니다."

중년에 접어든 그녀는 매우 평온해 보였다. 얼마 후 그녀는 인도 신문에 실린 남편에 관한 기사를 내게 보여주었다. 캘상의 삶과 작업에 관한 내용을 다룬 기사였다. 그동안 캘상이 한눈팔지 않고 얼마나 탱화 작업에 열중했는지 보여주는 것 같아 가슴이 시큰거렸다.

"캘상, 자네는 다람살라에서 방황하는 티베트 젊은이들의 표상이야. 자네를 통해 제2의 캘상이 계속 배출되길 기원하겠네."

나는 다음을 기약하고 캘상과 헤어졌다. 돌마가 손을 흔들며 언제 한 번 수제비를 먹으러 오라고 거듭 청했다. 대문을 나서다 돌아보니 돌마 부부가 여전히 계단에서 손을 흔들고 있었다.

다람살라의
눈사자,
츠링 도르제

저물녘엔 가파른 산비탈에 세워진 용링스쿨Yongling School로 공연을 보러갔다. 용링스쿨은 망명정부 초기에 티베트 유아들을 위해 세워졌다. 달라이 라마 스승 가운데 한 사람인 용링의 이름을 빌어 설립한 유치원인데, 오늘은 마침 일요일이어서 츠링 도르제Tsering Dorjee라는 행위 예술가가 퍼포먼스를 벌이는 날이었다.

조금 이른 시간에 도착해 강당으로 들어서자 정면에 걸린 라싸의 포탈라 궁전 그림과 티베트 국기가 눈에 들어왔다. 달라이 라마에 대한 존경심과 위상을 보여주듯 그가 거주하던 포탈라 궁전이 국기보다 더 높은 곳에 걸린 게 눈길을 끌었다. 말이 공연장이지 따로 객석을 마련한 게 아니었다. 그저 시멘트 바닥에 관객이 앉을 수 있도록 방석과 널빤지를 몇 개 배치한 게 전부여서 조촐하기 그지없는 분위기였다.

여섯 시가 다가오자 객석은 이백 루피의 입장료를 지불하고 들어온 스무 명가량의 배낭 여행자들로 채워졌다. 길에서 몇 차례 마주친, 어린 자녀를 네 명이나 데리고 장기 여행 중인 일본인 부부가 유난히 눈길을 끌었다.

잠시 후 평상복 차림의 츠링 도르제가 무대에 올라 관객이 보는 앞에서 티베트 전통의상으로 갈아입었다. 가죽장화에 외투를 걸치고 둥근 모자를 착용한 모습이 여간 근사해 보이지 않았다. 촛불을 켜고 향을 피우고 배경 음악을 조절하는 등 그는 모든 공연 준비를 혼자 해냈다.

본격적인 공연을 시작하기 전 츠링 도르제는 티베트 탈출 과정과 함께 자기소개를 곁들였다. 그는 자신이 태어난 캉포Kangpo 지역의 전통 악기인 다닌Danin도 소개했다. 모두 여섯 개의 현으로 이루어진 악기였는데 울림이 매우 독특했다. 그는 다닌을 연주하며 노래를 한 곡 부른 다음 퍼포먼스를 시작했다.

그는 한동안 날개를 펼친 독수리 형상으로 무대를 뛰어다녔다. 모두 여덟 개의 장으로 나누어진 퍼포먼스였는데, 오체투지로 절을 올리고 손바닥으로 눈을 가린 채 회전과 도약을 거듭하는 모습은 특별한 게 없었다. 그는 땀이 나는 듯 공연 중간에 겉옷을 하나씩 벗어던졌다.

네 번째 장에 이르자 그는 갑자기 나를 무대로 끌어내 자신의 엉덩이와 사타구니 부근을 걷어차도록 유도했다. 이어 관객들이 차례차례 두 사람씩 무대로 끌려나왔다. 츠링 도르제는 광기를 번뜩이며 그들을 들쳐 업고, 바닥에 굴리고, 짓누르는 등 강렬한 장면을 반복해서 연출했다.

관객을 모독하는 정도가 아니라 학대에 가까운 행위였다. 그의 갑작스런 행위에 당황한 나머지 몸을 피하며 비명을 지르는 여자까지 있었다.

그는 태연한 표정으로 사람들의 양말을 억지로 벗긴 다음 발가락부터 머리카락까지 씹어 먹는 장면을 연출하기도 했다. 나중엔 티베트 승려까지 끌려나와 그 엽기적인 공연에 동참해야만 했다. 마치 박상륭의 소설 『죽음의 한 연구』처럼 당혹스럽고 괴이했으며 충격적인 장면이 연속적으로 이어졌다.

잠시 후 츠링 도르제는 가장 앞줄에 앉아 있던 내게로 다시 기어 왔다. 그는 내 콧등에 자신의 코를 맞대고 개처럼 킁킁, 냄새를 맡았다. 미끌미끌한 땀방울과 거친 숨소리가 고스란히 전해져 왔다. 그는 객석 바닥을 기어 다니며 모든 관객에게 같은 동작을 반복했다.

마지막 여덟 번째 장은 퍼포먼스의 진수였다. 티베트 전통 음식 가운데 하나인 보릿가루와 두루마리 화장지 두 개와 촛불과 탈을 소품으로 사용한 격렬한 춤이 이어지자 객석이 술렁거렸다. 이윽고 몸에 두른 화장지에 불이 붙자 그는 객석과 무대를 가리지 않고 불에 덴 짐승처럼 날뛰기 시작했다. 저러다 뼈가 부러지지 않을까, 걱정스러울 정도로 불붙은 몸이 시멘트벽으로 돌덩이처럼 날아가 큰소리를 내며 부딪치기도 했다.

그 장면을 보고 있자 멀리 설산 너머 티베트 땅에서 분신자살로 중국에 저항하는 사람들의 모습이 겹쳐졌다. 그는 숨이 경각에 달한 짐승처럼 무대에 엎드린 채 온몸을 뒤틀었다. 고통에 겨운 신음과 가쁜 숨소리가 객석으로 고스란히 전해져왔다. 그는 티베트의 고통스러운 현실과 자유를 온몸으로 표현하는 중이었다.

어느 정도 시간이 흐르자 기운을 차린 츠링 도르제가 다시 일어섰다. 그는 티베트 사람들의 주식인 보릿가루를 사방에 뿌려댔다. 얼굴과 머리카락까지 하얀 보릿가루를 뒤집어 쓴 모습은 저승사자를 연상케 했다. 얼마 지나지 않아 실내는 숨도 쉬기 어려울 만큼 매운 연기로 가득찼다. 얼마 후 적잖이 충격을 받은 관객들이 침묵 속에 하나둘 공연장을 빠져나왔다.

이튿날 오후 한 시, 나는 샹그릴라 식당에서 츠링 도르제를 다시 만났다. 어제 저녁의 광기 어린 표정이 사라진 그의 얼굴은 뜻밖일 만큼 다정하고 평온해 보였다.

"어제 저녁에 보여준 격렬한 퍼포먼스는 정말 인상적이었습니다."

"그렇게 보아주셨다니 감사합니다."

"공연의 주제가 티베트의 독립과 자유를 상징하는 것 같았는데 제가 바르게 본 것인가요?"

"저는 티베트의 자유는 물론이고, 인간의 근원적인 자유까지 표현하고 싶었습니다."

"티베트 탈출 과정과 퍼포먼스에 대한 이야기를 자세히 듣고 싶은데 괜찮겠습니까?"

츠링 도르제는 만감이 교차하는 듯 잠시 허공을 응시했다. 1984년,

그는 티베트 수도 라싸로부터 버스로 여덟 시간 거리에 위치한 캉포 지역에서 태어났다. 다른 고원지역에 비해 물이 풍부하고 숲이 우거진 살기 좋은 고장이라고 했다. 열네 살이 되던 해 삼 월, 그는 부모형제를 비롯한 서른일곱 명의 동료들과 탈출을 감행했다. 여덟 살짜리 어린아이부터 예순이 넘은 노인에 이르기까지 동료들의 연령층은 다양했다.

그들은 트럭 화물칸에 몸을 숨긴 채 시가체Shigatse를 지나 밤에만 이동했다. 검문소가 나올 때마다 트럭에서 내려 얼어붙은 밤길을 에둘러 걸어야 했다. 크레바스에 빠져 다리가 부러진 동료도 있었다. 그들은 때로 동굴에 숨어 낮 시간을 보냈고, 달빛에 의지한 채 야크 무리에 섞여 얼어붙은 빙하를 지나기도 했다. 가장 두려웠던 건 총을 든 군인보다 그들이 풀어놓은 군견이었다.

츠링 도르제 일행은 보름 만에 한 사람의 희생자도 없이 네팔 국경에 도착할 수 있었다. 네팔 당국은 그들을 수용소에 가두고 일일이 신원을 확인한 다음 돈을 요구했다. 그들은 다시 돌려보내지는 게 두려워 얼마간의 돈을 내놓을 수밖에 없었다.

열흘 간 네팔에서 체류한 동료들은 캉포를 떠난 지 한 달 만에 마침내 다람살라에 도착했다. 그리고 얼마 후 꿈에 그리던 달라이 라마를 친견할 수 있었다.

"달라이 라마를 뵈었을 때 어떤 말씀을 하시던가요?"

"어느 지역에서 왔느냐고 물으신 다음 사람들의 뺨을 일일이 어루만져 주셨습니다."

"무척 감동적인 얘기로군요. 다른 말씀은 없으셨나요?"

"무사히 도착해 다행이라며 앞으로의 행운을 빌어주셨습니다. 그리고 인도에서도 티베트 문화에 대한 공부를 게을리 하지 말아야 한다는 말씀을 덧붙이셨습니다."

달라이 라마를 두 차례나 더 만난 츠링 도르제는 망명정부가 무수리 지역에 세운 학교에서 중등과정을 공부했다. 고향 캉포에서 이미 초등학교를 마치고 왔기 때문이었다. 그는 티베트 역사, 불교 이론, 영어, 티베트어 등을 공부한 다음 청년이 되어 다람살라로 돌아왔다.

"티베트 전통춤과 다닌 연주는 어디에서 배웠습니까?"

"영감에 의해 모든 걸 혼자서 공부했습니다."

"믿어지지 않는 얘기로군요. 어제 공연한 퍼포먼스도 혼자서 구성한 겁니까?"

"그렇습니다. 티베트의 자유라는 테마를 바탕으로 인간의 근원적 욕망과 거기서 비롯된 희로애락을 가감 없이 표현하고 싶었습니다. 그게 가장 자연스러운 예술이라고 믿고 있기 때문입니다."

"본격적으로 춤을 시작한 계기가 있었을 텐데요?"

"글쎄요. 저도 그게 신기합니다. 저쪽 산모퉁이를 돌아가면 우리 전통 음악과 무용 연극 등을 보존하고 가르치는 티베트예술협회Tibetan Institute of Performing Arts가 있습니다. 1959년에 세워졌는데, 그곳 전용 공연장에서 정기 연주회나 마당극 등 퍼포먼스가 종종 펼쳐지곤 했습니다. 무수리에서 돌아온 어느 날, 저는 우연히 공연을 보러 갔다가 엄청난 충격에 사로잡혔습니다. 그동안 상상도 못했던 신천지를 발견한 느낌이었습니다. 저는 안에서 끓어오르는 신명을 주체하지 못하고 무대로 뛰어올라 춤을 추어댔습니다. 무언가 통제할 수 없는 기운이 내 안으로 들어온 것 같았습니다. 당황한 협회 관계자들이 억지로 끌어내렸지만, 저는 계속해서 무대로 뛰어오르곤 했습니다. 아무도 제 힘을 당해낼 수 없었습니다. 그런 일이 반복되자 당연히 저는 공연장에서 기피 인물이 되었고 사람들은 저를 미친놈으로 취급하기 시작했습니다."

"참으로 놀라운 신명입니다."

"어쩌면 그들의 생각처럼 제가 미쳤던 건지도 모릅니다. 그 후 저는 사람들의 손가락질에 개의치 않고 몇 년 동안 길이나 카페 등 장소를 가리지 않고 춤을 추며 살았습니다."

"그동안 내면에 숨어 있던 예술혼이 갑자기 깨어난 것이었군요."

"그렇게 말씀해주셔서 고맙습니다. 한바탕 춤을 추고 나면 가슴이 후련해지면서 강렬한 카타르시스가 찾아오곤 했습니다. 그런 일이 반복되자 어느 날부터 사람들이 저를 서서히 인정해주더군요."

"나는 당신 춤에서 인위적으로 가공되지 않은 강렬한 야생의 기운을 느꼈습니다. 이제야 그 이유를 알 수 있을 것 같군요. 어제 마지막 공연에서 보릿가루를 뒤집어쓴 장면은 압권이었습니다. 어디서 그런 영감을 얻으셨습니까?"

츠링 도르제는 눈을 반짝이며 확신하듯 대답했다.

"제 예술적 영감의 원천은 티베트 고원입니다. 우리가 참파라고 부르는 보릿가루는 티베트의 주식이자 상징 가운데 하나이기도 하구요. 사실 그 부분은 어제 처음 시도한 것인데 괜찮았나요?"

"가슴이 뭉클할 정도였습니다. 그동안 본격적인 공연은 몇 차례나 벌이셨나요?"

"모두 삼백 회 정도 됩니다. 요즘엔 티베트예술협회가 주관하는 초청 공연에도 가끔 참여합니다."

"어제 여러 차례 몸을 날려 시멘트벽에 부딪치는 장면을 보면서 저러다 뼈에 금이 가지 않을까, 걱정스러웠습니다. 몸을 좀 아껴가면서 공연할 생각은 없나요?"

"퍼포먼스가 끝날 때마다 온몸이 시퍼렇게 멍들곤 하지만 일단 무대에 오르면 그게 조절되지 않습니다."

샹그릴라 식당에서 그와 함께 한 시간은 인터뷰라는 생각이 들지 않을 정도로 빠르게 흘러갔다.

"저는 한국인을 포함해 보다 많은 사람들이 당신의 퍼포먼스를 보고 영감을 얻었으면 합니다. 아무쪼록 무대에서 쓰러지거나 병원으로 실려 가는 불상사가 벌어지지 않기를 바랍니다. 당신 몸은 티베트의 소중한 자산이기도 하니까요."

나는 츠링 도르제와 며칠 후 다시 만나 공연 동영상을 받기로 약속하고 자리에서 일어섰다.

나중에 알게 된 사실이지만, 다람살라의 티베트 사람들은 그를 이름 대신 눈사자Snow Lion라고 부르고 있었다. 그가 벌이는 초인적 퍼포먼스를 떠올린다면 그처럼 잘 어울리는 이름도 없을 듯했다. 원초적 자유를 향한 처절한 몸짓, 푸른 하늘과 히말라야를 배경으로 눈사자처럼 도약하는 춤사위는 오늘의 티베트 현실과 가슴이 저릴 만큼 맞닿아 있었다.

히말라야가 된
바기 람 요기

　다람살라 산중마을은 일교차와 기후 변화가 심한 편이다. 새파랗게 맑은 하늘로 갑자기 천둥소리와 함께 구름이 몰려들고 때로 우박과 비가 쏟아진다. 그러다 잠시라도 한눈을 팔고 나면 언제 그랬냐는 듯 다시 강렬한 햇볕이 내려쪼인다.

　요즘처럼 몬순을 한 달쯤 앞둔 시점에선 변덕이 더욱 심해진다. 반팔 셔츠 차림으로 외출했다가 구름이 몰려오면 순식간에 기온이 떨어지므로 얼른 겉옷을 껴입어야 한다. 그래서 외출용 작은 배낭에 여분의 겉옷을 가지고 다니면서 두세 번쯤 껴입었다 벗기를 반복하는 게 일상처럼 되어버렸다.

　어젯밤에는 다람살라에 도착한 후 처음으로 강풍이 불었다. 열 시경, 문 밖에 나와 앉아 있는데 갑자기 천둥과 함께 번갯불이 번쩍이기 시작했다. 그럴 때마다 칠흑 같은 어둠에 간혀 있던 골짜기들이 대낮처럼 환하게 다가오며 밝아지곤 했다. 간간이 빗방울도 떨어져 내렸다. 나는 한 시간 넘게 계속되는 불꽃 쇼를 감상하다 방으로 돌아와 잠자리에 들었다.

얼마 후 꿈을 꾸다 잠에서 깨어나자 주위가 너무나 고요했다. 나는 침대에 누운 채 팔을 뻗어 커튼을 걷어냈다. 어느새 밤하늘로 굵은 소금을 뿌려놓은 듯 별들이 총총히 박혀 있었다. 모두 잠든 시간에 홀로 깨어나 바라보는 별밭은 여간 아름다운 게 아니었다.

그러다가 잠이 들었나 싶었는데 잠시 후 다시 눈이 떠졌다. 밤의 골짜기를 흔들어대는 무시무시한 바람소리 때문이었다. 강풍에 실려 날아온 플라스틱 물통과 부러진 나뭇가지들이 어둠 속에서 이리저리 굴러다니며 부딪치는 소리가 들려왔다.

나는 방문을 열고 조심스럽게 밖으로 나왔다. 강풍이 허리가 부러질 정도로 오크트리를 흔들어대고 있었다. 주변의 작은 나무들은 아예 머리채를 휘어잡힌 채 속수무책으로 춤을 추어댔다. 저러다 나무들이 몸살이라도 앓지 않을까, 걱정될 지경이었다. 나는 양팔을 벌리고 강풍에 정면으로 몸을 맡겼다. 그동안 내 안에 쌓여 있던 불순물들이 바람을 타고 히말라야 골짜기로 시원하게 불려가는 느낌이었다.

그것은 바람의 법문이 주는 희열이자 카타르시스였다. 나는 흠칫, 몸을 떨며 방으로 돌아와 침대에 앉아 위파사나 명상에 들어갔다. 얼마 후 골짜기를 흔들던 바람소리가 서서히 잦아들자 호흡이 평안해졌다. 모든 감각기관을 열어놓고 호흡을 주시하던 마음도 평온해졌다. 얼마나 시간이 흘러갔을까. 어느새 창밖으로 푸른 새벽이 밝아오고 있었다. 불현듯 미얀마 마하시 선원에서 경험한 붓다의 오래된 가르침이 생생하게 들려오는 것 같았다.

−벗이여! 위파사나란 몸에서 일어나는 물질적 현상과 마음에서 일어나는 정신적 현상을 정확하고 바르게 이해하기 위한 수행이니라. 그리하여 어떤 소리가 들려올 때, 그대는 듣고 있는 자체에 마음을 집중하고 그 사실을 분명히 자각하도록 하여라. 어떤 종류의 소리이든 들리는 순간에 즉시 마음으로 주시하고 알아차려야 한다. 그러나 세상 모든 소리들이 다만 하나의 대상에 불과한 것임을 알고, 지혜로운 관찰을 통해 좋아하고 싫어하거나 분별하는 마음이 일어나지 않도록 해야 하느니라.−

이른 아침, 문을 열고 뜰로 나오자 나뭇잎들이 햇살에 반짝이고 있었다. 어디로 숨어버렸는지 긴 꼬리 새들은 한 마리도 보이지 않았다. 오크트리가 무성한 나뭇잎을 살갑게 흔드는 것이 밤새 무사했느냐고 묻고 있는 듯했다. 참으로 평화로운 아침이었다.

저만치 다랑이 밭에서 노파가 소에게 먹일 풀을 베고 있었다. 이곳엔 신선한 우유를 얻기 위해 한 마리씩 소를 기르는 집들이 많다. 한기를 막기 위해 벽과 출입문까지 제대로 만든 외양간을 보고 있으면 가축을 얼마나 귀하게 여기는지 짐작할 수 있다.

풀 베는 노파 뒤에서 새끼 염소 한 마리가 밭둑을 종종거리며 뛰어다니고 있었다. 세상에 나온 지 열흘쯤 된 염소는 좀처럼 노파 곁을 벗어나지 않았다. 얼마 후 노파가 풀을 묶어 머리에 이고 다정한 목소리로 염소를 불렀다. 염소는 고개를 들고 대답만 할 뿐 자리에서 움직이지 않았다. 집으로 돌아가기 싫은 기색이 역력했다.

그들의 재미난 실랑이는 한참 동안 계속되었다. 노파와 새끼 염소가 무슨 말을 주고받는지 어린아이라도 금세 알아차릴 정도로 그들의 대화는 단순했다. 노파가 부를 때마다 꼬박꼬박 같은 억양으로 대답하는 염소가 신통해서 나는 카메라를 들이대며 웃음을 터뜨렸다. 더 이상 안 되겠던지 노파가 다가와 목줄을 당기자 새끼염소는 어쩔 수 없다는 듯 나를 한 번 쳐다보더니 집으로 끌려갔다. 마치 철부지 손자와 할머니를 보는 것 같았다.

오래전부터 느낀 바지만 히말라야 염소나 양들은 사람의 손길을 별로 두려워하지 않는다. 자신을 반려동물로 여기는지 때로 강아지처럼 주인의 품으로 뛰어들며 애교를 부리기도 한다. 오랜 세월에 걸쳐 형성된 교감 때문인지 가축을 대하는 이곳 사람들의 눈빛 또한 여간 애틋하지 않다.

어제 저녁, 다람콧 마을로 산책을 나갔다 돌아오는 길에 마주친 염소도 그랬다. 걸음을 멈추고 얼굴과 목덜미를 어루만지자 뒤로 물러나기는커녕 코앞까지 다가와 한참 동안 내 손바닥에 볼을 비벼대기까지 했다. 그런 염소가 기특해 우리말로 '너 참 착하게 생겼다'고 칭찬해주었다. 여기에선 가축마저 사람들의 푸근한 심성을 닮아가는 모양이었다.

오른쪽 밀밭에선 며칠 전부터 수확이 한창이었다. 젊은 아낙 혼자서

낫질을 하는데 상체를 숙일 때마다 하얀 젖가슴이 비어져 나올 듯 드러나곤 했다. 다랑이 밭을 모두 합쳐봐야 삼백여 평의 작은 크기였지만 아직 밀밭은 절반 이상 남아 있었다. 내겐 그녀의 게으름을 염려하고 싶은 마음이 조금도 없었다. 한국의 농부라면 한나절 만에 추수를 끝낼 평수였지만 여기 산중에선 서두를 일이 그다지 많지 않아 보였다.

그런 실정이다 보니 이곳 산중에선 욕심낼 일도 별로 없어 보였다. 진정한 행복은 많이 갖는 게 아니라 욕심을 조금씩 덜어내는 일임을 저 아낙도 알고 있는 듯했다. 다시 생각하니 인간의 삶 또한 저 밀밭처럼 그저 자연의 일부일 따름이었다.

이른 저녁을 먹고 집에서 쉬고 있는데 밀랍으로부터 전화가 걸려왔다. 자신의 큰형 아쇼카가 나를 찾고 있다는 전갈이었다. 나는 단숨에 아쇼카 호텔로 뛰어갔다.

그들은 모두 사 형제였는데 첫째 아쇼카 네흐리아Ashoka Nehria는 산림청 공무원이고, 둘째 수바시 네흐리아는 다람살라 시장을 두 차례나 역임한 정치인이며, 셋째 아지트 네흐리아Ajit Nehria는 맥그로드 간즈에서 아쇼카 레스토랑을, 그리고 막내인 밀랍 네흐리아는 박수나트 마을에서 호텔과 여행사를 운영하는 중이었다. 큰형 아쇼카는 다른 형제들과 달리 술을 어느 정도 즐기는 편이어서 간혹 대작을 나누곤 했었다.

아쇼카 호텔 옥상으로 올라가자 이미 하얀 보자기를 씌운 깔끔한 탁자가 준비되어 있었다. 히말라야 산자락과 주변 풍경이 한눈에 들어오면서도 여간 호젓한 게 아니었다.

"최근 친척 가운데 한 분이 돌아가셔서 한동안 육류를 멀리해야 한다네. 그게 여기 풍습이어서 말이야."

"그렇다면 술안주는 감자튀김으로 하세."

"그걸로 충분하겠나? 야채튀김도 추가하지."

우리는 그동안의 안부를 확인하며 위스키를 즐겼다. 아쇼카는 적당히 취기가 오르자 내가 어느 정도 알고 있던 집안 내력에 덧붙여 할아버지 얘기를 처음으로 들려주었다. 그분께서 출가 수행자인 요기가 되었다는 놀라운 이야기였다.

"할아버지께서 육십 세가 조금 넘어 벌어진 일이었지. 그분께선 아무런 말씀도 남기지 않고 갑자기 히말라야로 사라지셨네. 당시 할머님은 물론 우리 가족 누구도 그 사실을 알지 못했다네."

"인도에선 가족을 부양하는 의무를 마치고 나이가 들면 숲으로 들어가 요기가 되는 게 오랜 풍습이 아니던가. 여기에선 삶의 그 네 번째 단계를 산야사Sanyasa라고 부른다지? 어디 그 분에 관한 얘기를 자세히 들어보세."

아쇼카의 조부 바기 람Bhagi Ram은 평범한 삶을 살았지만 주변으로부터 매우 존경받던 분이셨다. 어느 날 그는 가까운 친구 집을 찾아가 값비싼 시계를 비롯해 가디족의 상징인 금귀고리와 몸에 지니고 있던 귀중품을 모두 맡겼다. 얼마 후 다시 찾으러 올 테니 잘 보관해달라는 부탁과 함께였다. 한 달이 지나도록 바기 람이 돌아오지 않자 친구는 아쇼카 가족에게 보관하던 물건을 돌려주며 전후 사정을 설명해주었다.

그제야 바기 람이 영영 사라진 걸 알아차린 가족은 충격에 휩싸였다. 인근에서 여장부로 통하던 바기 람의 아내는 남편을 찾아 요기들이 머물 만한 다람살라와 히마찰 프라데시 주 일대를 샅샅이 뒤지고 다녔다. 그러나 오랜 세월에 걸쳐 출가의 서원을 세우고 사라진 남편을 어디에서 찾을 수 있단 말인가. 빈손으로 돌아온 바기 람의 아내는 통절한 슬픔에 젖어 한동안 병상에서 시간을 보내야 했다.

"아쇼카, 인도의 오랜 전통이라지만 현대 사회에선 참으로 접하기 어려운 얘기로구먼. 그 뒤 조부님의 소식을 듣거나 얼굴을 뵌 적이 있는가?"

"인도에선 출가 수행자가 된 후 반드시 한 번은 집으로 돌아와 가족으로부터 공양을 받는 풍습이 있다네."

"그렇다면 요기가 되신 할아버지를 한 번쯤은 뵐 수 있었겠구먼."

"그분께서 한 차례 집으로 돌아오신 건 확실하지만 우리 형제는 아무도 그분을 뵐 수 없었네."

"그 얘기도 좀 자세히 들어보세."

오랜 세월이 흐른 어느 날, 얼굴을 반쯤 가리고 수염이 덥수룩한 요기 한 분이 아쇼카의 집으로 들어섰다. 아쇼카 형제들은 학교에 가거나 출근하고 집엔 어머니만 혼자 머물고 계셨다. 집 안을 둘러본 요기는 일상적인 말투로 할머니와 장남과 차남의 안부를 차례로 물었다. 할머니와 장남은 이미 돌아가셨고, 차남은 델리에서 직장에 다니는 중이라고 대답하자 요기는 물 한 잔을 얻어 마신 후 자리에서 일어섰다.

요기가 머문 시간은 불과 십 분 미만에 불과했다. 그는 마치 길을 가다 우연히 들른 사람처럼 행동했다. 맏며느리와 나눈 대화도 그게 전부였다. 그 모습이 어찌나 달라졌던지 아쇼카 어머니조차 시아버님을 알아보지 못했다. 더구나 아무리 요기라지만, 여인이 혼자 머무는 집에 남자가 찾아왔으니 정면으로 눈을 마주치기도 어려웠을 터였다.

이튿날 아침, 아무래도 이상한 일이라고 생각하며 혼란에 빠져 있던 아쇼카 어머니는 아들을 모아놓고 그 일을 자세히 설명해주었다. 그분이 할아버지임을 직감한 형제들은 며칠 동안 요기들이 머물 만한 곳을 샅샅이 뒤져보았다. 그러나 그들은 요기를 어디에서도 발견할 수 없었다.

여러 정황을 분석한 형제들은 그분이 출가한 할아버지가 틀림없다는 결론을 내렸다. 일반적인 상황이라면 마을을 찾아온 요기는 모든 집을 방문하는 게 마땅한 일이었다. 그런데 오직 아쇼카의 집만 방문했다 종적을 감춰버린 것도 그 사실을 뒷받침했다. 다시 생각해보니 요기의 귀가 셋째 아들 아지트처럼 큼직하더라는 어머니의 뒤늦은 기억이 확신을 더해주었다. 마치 한 편의 드라마처럼 집에서 물 한 잔으로 공양을 대신한 후 다시 히말라야로 종적을 감춰버린 것이다.

우리는 대화를 중단하고 한동안 위스키 잔을 비워냈다. 오랜 세월 인도를 여행하는 동안 히말라야에서 마주친 수천 명의 요기들이 뇌리를 스치고 지나갔다. 내가 만난 요기들 가운데 바기 람이 없었다고 어떻게 단정할 수 있을 것인가.

"어쩌면 바기 람 요기는 지금도 히말라야 어딘가에 머물고 계시겠구면."

"아직 살아 계시다면 분명히 그렇겠지."

나는 슬쩍 아쇼카를 떠보았다.

"어쩌면 그분은 이미 히말라야의 일부가 되어버렸는지도 모르겠군. 그런데 자네도 어느 날 갑자기 집을 떠나게 되는 건 아닌가? 자네 안에도 분명히 조부님의 피가 흐르고 있는데다 그건 인도 남자들의 로망이기도 하니까."

"글쎄. 아직 그런 생각을 구체적으로 해보지 않았네만 누가 내일을 확신할 수 있겠는가."

"사실 그런 은둔자가 되는 건 내게도 이번 인생의 마지막 로망이자 꿈이라네. 만일 그런 날이 온다면 가족에겐 몰라도 내겐 반드시 연락을 주겠다고 약속하시게. 나도 반쯤은 요기나 마찬가지가 아닌가."

"임지, 내 기꺼이 그렇게 하겠네. 참, 언제 우리 집에 한번 놀러오게. 어머니께서 자네를 몹시 보고 싶어 하시거든."

"알겠네. 마땅히 찾아뵙고 인사를 드려야지."

아쇼카 형제들은 가정을 이룬 후에도 모두 한 집에 살고 있었다. 내가 다람살라에 도착한 다음 날, 어머니께서 부엌용 가스 실린더를 밀랍의 차편에 보내줘 안 그래도 감사 인사를 드려야 할 처지였다.

나는 오랜만에 아쇼카와 회포를 풀고 집으로 돌아왔다. 샤워를 마친

후 침대에 누워서도 바기 람 요기에 관한 얘기가 자꾸 떠올랐다. 바람처럼 히말라야를 걷고 있는 요기들을 볼 때마다, 정말이지 배낭을 내던지고 그들을 따라나서고 싶은 적이 얼마나 많았던가. 사실 바기 람처럼 낡은 바랑을 짊어지고 히말라야 골짜기를 떠도는 수행자의 삶이야말로 오래전부터 내가 꿈꾸던 삶이었다.

피자의 힘

고앵카가 설립한 위파사나 명상센터 입구에서 바라본 다람콧 마을은 새 건물이 몇 채 늘어났을 뿐 예전과 달라진 게 없었다. 비교적 완만한 경사면을 따라 동남향으로 들어선 집들이 그림처럼 평화로웠다. 다람콧은 예전부터 맥그로드 간즈의 시끄럽고 복잡한 거리에 싫증을 느낀 히피족이나 장기 여행자들이 선호하는 산중마을이었다.

다람콧 곳곳엔 수요가 공급을 창출하는 경제 논리에 따라 자연스럽게 그들을 위한 카페와 식당까지 들어섰다. 그러다 보니 특별한 일이 아니고선 아예 맥그로드 간즈로 내려가지 않는 여행자가 많았다. 전후 히피 세대를 연상케 하는 그들은 때로 날짜도 잊은 채 자연과 동화되어 지낼 뿐이다.

다람콧 마을의 카페나 식당에선 주말이나 보름달이 들 때마다 작은 연주회가 벌어진다. 장기 여행자들은 각자 가져온 악기를 연주하면서 금세 친구가 되기도 한다. 그들이 지닌 악기는 기타, 하모니카, 플롯, 하모늄, 타블라, 시타르, 아프리카 드럼 등 종류가 다양하다. 그런 퍼포먼스가 자칫 무료할 수 있는 산중생활을 그런대로 윤택하게 만들어준다.

다람콧의 일상은 여간 단조롭지 않다. 어떤 사람은 아침부터 맨발로 산책길을 어슬렁어슬렁 배회하고, 어떤 사람은 온종일 방에 틀어박혀 기타를 친다. 어떤 사람은 혼자 머무는 이성을 찾아다니며 부지런히 연애를 하고, 어떤 사람은 하루 종일 문밖에 앉아 책을 읽고, 또 어떤 사람은 캔버스를 펼쳐놓고 그림을 그리기도 한다.

그들은 조금 이상하게 보여도 서로의 방식이나 개성을 인정한다. 마땅히 그래야만 자신의 방식도 존중받는다. 그래서인지 작은 말다툼조차 찾아보기 어렵다.

한편 무언가를 부지런히 배우러 다니는 사람도 많다. 어떤 이는 아침마다 요가를 배우고, 어떤 이는 인도 전통 악기인 시타르나 타블라를 배운다. 또 어떤 이는 박수나트로 내려가 두어 시간씩 액세서리 세공 기술을 배우고, 어떤 이는 보름 동안 위파사나 명상센터에 들어갔다가 한층 깊어진 눈빛으로 돌아오기도 한다. 여기선 모두가 자유로우며 자기만의 방식으로 인생을 향유한다. 그들을 방해하는 건 어디에도 없다.

나는 고앵카 명상센터 입구 간이찻집에 앉아 티베트 탱화작가 나왕을 기다렸다. 어제 오후, 맥그로드 간즈에서 오랜 친구인 그를 발견하고 얼마나 놀랐던가. 그도 그럴 것이 나왕은 보름 전까지만 해도 캐나다 토론토에 머물고 있었다.

나왕은 오래전부터 유럽이나 미국으로 떠나고 싶어 했다. 탱화작가로서 보다 원대한 꿈을 펼치고 싶은 욕구 때문이었다. 그건 다람살라에 사는 티베트 젊은이들의 공통된 꿈이기도 했다. 마침내 팔 년 전, 나왕은 지인의 초청으로 다람살라를 떠나 캐나다에 안착할 수 있었다. 나는 간혹 주고받는 이메일을 통해 그가 토론토에서 공부와 탱화 작업을 병행한다는 소식을 들었다.

그런 나왕이 홀연히 승려가 된 자신의 동생 닝마 초걀과 맥그로드 간즈에 나타났으니 어찌 반갑지 않을 것인가. 그는 네팔 포카라에서 다람살라로 이주해 식당 종업원으로 일한다는 조카를 보러 가는 길이라고 했다. 나는 가족 상봉을 방해하는 게 미안해 오늘로 약속을 잡은 다음 헤어졌었다.

얼마 후 나왕이 숲으로 난 지름길을 통해 명상센터 앞 찻집으로 걸어왔다.

"다람콧 마을 풍경이 예전과 똑같지 않아?"

"사실 캐나다에 사는 동안 맥그로드 간즈보다 다람콧 마을이 더 그리웠네. 그런데 여기서 임지를 다시 만나게 될 줄이야. 확신하건대 이건 보통 카르마가 아니야."

우리는 천천히 다람콧 마을로 들어섰다. 나왕과 나는 자주 밥을 같이 먹던, 그야말로 밥정이 든 사이였다. 일주일에 서너 번은 다람콧 마을을 함께 산책하던 걷기명상의 도반이기도 했다.

"나왕, 어쩐 일로 갑자기 그 귀하신 몸이 캐나다로부터 다람살라까지 현신하게 되었지?"

"얼마 전 네팔에서 큰 지진이 일어났잖아. 카트만두와 포카라에 흩어져 사는 형제들이 걱정되어 잠시 들렀다가 아우인 닝마 초걀 스님을 만나기 위해 다람살라까지 오게 되었네."

"지진 소식은 나도 들었네. 집과 가족은 무사하던가?"

"건물에 조금 금이 갔을 뿐, 다행히 다친 사람은 없었어."

"그거 여간 다행이 아니네."

나왕의 가족 역시 티베트에서 탈출한 난민 가운데 하나였다. 나왕의 어머니는 그를 잉태한 채 임산부의 몸으로 국경을 넘어 네팔의 무스탕 왕국에 도착해 몸을 풀었다. 위험한 행군을 겪은 탓인지 나왕은 혀가 약간 짧고 한쪽 귀가 잘 들리지 않는 핸디캡을 지닌 채 태어났다. 얼마 후 네팔의 호반 도시 포카라에 정착한 가족은 일자리를 찾아 여기저기로 흩어져야만 했다.

포카라에서 유년 시절을 보낸 나왕은 십대 후반이 되자 자신의 미래를 개척하기 위해 혈혈단신 다람살라로 찾아들었다. 어려서부터 그림을 좋아했던 그는 티베트 정부 부설 교육기관에서 탱화를 공부했다. 그는 예술적 감성이 뛰어났지만 공부보다는 산중으로 쏘다니길 좋아하던 소년이었다. 그의 스승은 나왕을 불러 조용히 꾸짖기도 했다. 이십대 후반, 나왕은 달라이 라마 처소에 불려가 두 해 동안 탱화를 그렸을 정도로 다람살라에서 인정받는 작가가 되었다.

나왕의 자유로운 품성은 지금도 여전했다.

"임지, 불교 경전을 보면 붓다께서 제자들과 북인도 대륙을 유행하면서 숱한 대화를 나누지 않던가. 나는 오늘날의 불교에서 말하는 그 제자라는 단어가 영 마음에 들지 않아."

"그건 또 어째서인가?"

"내가 보기에 그들은 스승과 제자라기보다 돈독한 친구 관계처럼 여겨지거든. 인도의 카스트 제도마저 부정하던 자비로운 분께서 그들을 친구가 아닌 제자로 대했을 까닭이 없잖아."

"그거야말로 승려를 벼슬로 여기고 대접받기를 즐기는 일부 출가자들이 새겨들을 만한 얘기로군."

"붓다가 그들을 대하던 따스한 언어와 태도를 보면 그렇다는 얘기지."

"틀에 얽매이길 싫어하는 성정은 세월이 흘러도 여전하구먼. 그런 자유로운 발상이야말로 그대 예술의 밑천이기도 하고."

우리는 종종 들렀던 가정식 피자집에서 휴식을 취했다. 그곳은 다람콧 마을에서 가장 먼저 화덕에 피자를 굽기 시작한 집이었다.

오래전, 다람콧 마을을 점령한 히피들 가운데 이탈리아 사람이 있었다. 손수 흙을 이겨 화덕을 만든 그는 가끔 친구들과 피자 파티를 벌이곤 했다. 그 맛에 반한 집주인은 몇 달 동안 히피에게 피자 만드는 법을 전수받았다. 눈썰미가 좋고 손맛이 뛰어난 그의 솜씨는 금세 주변에 알려졌다.

어느덧 세월이 흘러 피자를 굽던 집주인은 노인이 되었다. 요즘엔 대를 이어 아들과 며느리가 장작불을 지피며 그 자리를 대신하는 중이었다. 우연한 계기로 시작한 피자 장사가 이젠 가업이 되어버려 지금까지도 손님의 발길이 이어지고 있었다.

"내가 다람살라에 처음 도착했을 때만 해도 다람콧 마을은 대부분 흙과 돌과 나무로 지어진 전통가옥 일색이었지. 그런데 한번 둘러보게. 대여섯 가구를 제외하곤 모두 시멘트를 이용한 현대식 가옥으로 바뀌지 않았는가."

"아무렴. 대대로 목축업을 하던 집안 후손이 피자집을 열게 될 줄 누가 알았겠어. 그게 우리가 살고 있는 세상 풍경이지. 어떤 가옥에 살든 행복하면 그만인 거야. 누구도 가업을 접은 책임을 탓할 권리가 없는 거지."

나왕의 말처럼 다람콧 마을은 장기 여행자로 인해 가옥의 구조까지 바뀌어갔다. 그들에게 월세를 주고 음식과 차를 팔면서 주민들은 조금씩 돈을 모았고, 더 많은 수입을 창출하기 위해 집을 새로 짓고 방을 늘리는 데 투자되었다. 다람콧 주민들이 전통적인 생활 방식을 저버린 건 아니었다. 아직도 많은 가정에선 우유를 얻기 위해 소를 기르고 다랑이 밭에 밀농사를 짓기도 했다.

이 피자집 또한 전통가옥을 허물고 그 자리에 이층집을 지어 민박 형태의 깔끔한 게스트하우스를 겸하고 있었다. 그건 전적으로 화덕과 피자의 힘이었다. 어느 이름 모를 히피로부터 시작된 피자가 한 가문의 역사를 통째로 바꾸어 놓았으니 그 힘은 여간 센 게 아니었다.

우리는 피자 한 판을 나누어 먹고 다시 산책에 나섰다. 예전에도 나왕과 나는 보름달이 뜨면 종종 해발 삼천 미터에 위치한 트리운드 산정까지 걸었고, 거기서 티베트 수제비인 텐툭을 끓여먹으며 시간을 보내기도 했다. 멀리 양떼가 보이면 한두 시간 걸어가 양치기들과 어울리다 돌아온 적도 많았다. 다람살라 골짜기에서 우리가 가보지 않은 길은 거의 없었다.

지금 걷고 있는 다람콧 산책로 또한 걷기명상을 하면서 수백 번쯤 오르내린 길이었다. 얼마쯤 걷자 학교 수업을 마치고 돌아오던 여자 아이 두 명이 바위에 앉아 있다가 수줍게 인사를 건네 왔다. 내가 살고 있는 집의 주인인 수리네 딸들이었다. 그들 자매는 나왕이 입은 찢어진 청바지를 보며 작은 소리로 소곤거렸다. 눈빛을 보니 자기들도 입지 않는 해진 옷을 걸친 나왕의 행색이 딱했던 모양이었다. 바깥세상엔 그것이 하나의 멋으로 통용되는 문화도 있다는 걸 모르는 눈치여서 그들이 더욱 귀여웠다.

조금 더 박수나트 방향으로 내려오자 여행자 대여섯 명이 걸어오고 있었다. 그들은 약속이나 한 듯 새끼줄처럼 꼬아 내린 긴 머리에 맨발 차림이었다. 아마도 메뉴가 다양한 아랫마을에서 식사를 마치고 돌아오는 길인 듯했다. 여기선 뛰는 건 물론이고 빠르게 걷는 사람조차 만나기 어렵다. 그래서인지 시간마저 아주 평온하고 더디게 흐르는 것 같다.

우리는 얼마쯤 걷다 네팔 부부가 운영하는 길모퉁이 식당을 방문했다. 다람콧 산책을 마친 일몰 무렵에 자주 들르던 집이었다. 아주 작고 허름한 곳이지만 우리는 거기서 바라보는 저물녘 풍경을 좋아했었다.

수만 세르파Suman Sherpa 아주머니가 나왕을 보자 벌떡 일어나 두 팔을 벌리며 재회를 기뻐했다. 잠시 안부를 주고받은 후 그녀는 수심이 가득한 얼굴로 네팔에 두고 온 작은딸을 걱정하기 시작했다. 나는 이미 여러 번 들었던 얘기여서 조용히 차만 마셨다.

수만 세르파 부부는 십여 년 동안 다람살라에서 번 돈으로 지난 해 네팔에다 오랜 숙원이던 새 집을 짓게 되었다. 그런데 이번 지진으로 몽땅 부서져버렸다. 그동안의 고생이 일거에 물거품이 된 그녀의 절망은 여기서 그치지 않았다. 다행히 사람은 다치지 않았다지만, 거기 남겨진 가족이 어디서 먹고 자는지 연락이 닿지 않아 잠도 오지 않는다는 거였다.

엎친 데 덮친 격으로 얼마 전 네팔에서 두 번째 여진이 발생했다. 더구나 이번 지진은 그녀의 고향인 돌카 지역을 쑥대밭으로 만들어버렸다. 그녀는 망연자실한 눈빛으로 나왕에게 카트만두의 도로 사정을 물었다.

"수만, 식당 문을 닫더라도 직접 가서 확인하는 게 좋지 않겠어요?"

"산사태로 도로까지 사라졌다고 들어서 아직 엄두를 못 내고 있습니다."

나는 슬며시 대화에 끼어들었다.

"나왕, 포카라에서 카트만두까지의 도로 사정은 어떻던가?"

"다행히 그 구간은 일찍 복구되었네. 하지만 다른 구간은 몇 달이 걸릴지, 혹은 몇 년이 걸릴지 아무도 알 수 없는 상황이야."

수만 세르파는 정상적인 상황에서도 다람살라에서 고향까지 가려면 나흘쯤 걸린다고 말했다. 여기서 네팔 국경까지 하루, 국경을 넘어 카트만두까지 다시 하루, 거기서 돌카까지 버스로 또 하루를 이동한 다음 종일 산길을 걸어야 집에 당도한다는 설명이었다.

"수만, 두 번째 지진 후엔 아예 연락이 두절되었나요?"

"날마다 몇 번씩 전화를 시도하는 중이지만 도무지 받지를 않습니다. 작은딸을 남겨두고 오는 게 아니었는데 후회가 막심합니다. 제발 아무 탈 없이 살아 있어야 할 텐데."

"그야말로 오도가도 못 하는 상황이군요. 그렇다고 여기서 마냥 소식을 기다릴 수도 없는 일이고."

"돈이 조금 더 모아지면 당장 카트만두까지 가볼 생각입니다. 거기서부턴 모든 걸 신에게 맡겨야지요."

수만 세르파의 눈에선 금방이라도 눈물이 흘러내릴 것 같았다. 오늘따라 그녀가 더 측은하게 보였다. 나는 전대에서 이천 루피를 꺼내 그녀의 손에 쥐어주었다.

"수만, 지금 신께서 고통을 주시는 건 나중에 더 큰 기쁨을 주기 위해서일 거예요. 이걸 여비에 보태세요. 얼른 기운을 차려야 딸을 데려올 수 있을 테니까."

수만은 고개 숙여 감사를 표한 후 주방으로 향했다. 여행을 하다 보면 세상 어느 곳에나 가슴 아픈 이야기들이 숨어 있다. 그게 세상사였다. 홍차를 마시고 나자 어느덧 저녁 해가 서쪽 숲으로 기울고 있었다.

"나왕, 다람살라엔 얼마나 머물 계획인가?"

"며칠 후 토론토에서 중요한 전시회가 있다네. 내일 저녁에 델리로 떠나야만 해."

나왕은 화제를 바꾸고 싶었는지 느닷없이 붓다 얘기를 꺼냈다.

"임지, 그동안 보드가야엔 몇 번이나 방문했지?"

생글거리는 얼굴을 보니 재미난 얘깃거리가 떠오른 모양이었다. 나는 억지로 웃음을 참으며 농담조로 대답했다.

"세 번쯤 가본 것 같네. 갑자기 보드가야 이야길 들으니 아주 오래전, 네란자라 강변을 거닐던 출가 수행자 한 분이 떠오르는군. 그 양반 이름이 붓다였다지?"

"그렇다면 붓다가 보드가야에서 깨달음을 성취한 후 왜 사르나트까지 먼 길을 걸어가 친구들을 가르치기 시작했는지 아는가?"

"그 심오한 지혜를 친구들과 나누기 위해서가 아닌가? 아니지, 그런 경전 같은 대답을 기대했다면 내 친구 나왕이 아니지. 어서 자네의 가르침을 내려 보시게."

나왕의 대답은 의외로 간단했다.

"그건 붓다께서 무료했기 때문이라네."

나는 큰소리로 웃음을 터뜨렸다. 어느 정도 예상하고 있었지만 나왕의 발상이 너무나 뜻밖이기 때문이었다.

"그래서 붓다께서 그렇게 자주 공허함에 대해 말씀하셨던 게로구면."

우리는 다시 유쾌하게 한참 동안 웃었다. 한참 웃다 보니 나왕의 말이 맞을지도 모른다는 생각이 들었다. 붓다처럼 위대한 수행자라고 해서 어찌 무료한 시간이 없었을 것인가. 깨달은 자에겐 고통도 없고, 고통의 원인도 없으며, 고통의 멸함도 없고, 고통을 멸하는 방법도 없다고 설파하던 붓다의 가슴으로 간혹 무료하거나 공허한 순간이 찾아왔다 해서 누가 그 성자를 나무랄 수 있을 것인가.

새벽의
코라

새벽 다섯 시, 나는 간단히 샤워를 마치고 어둠 속을 걸어 박수나트에서 삼십여 분 거리인 남걀 사원으로 향했다. 인적 없는 새벽 풍경은 여간 고즈넉하지 않았다. 거리를 배회하던 황구 한 마리가 심심하던 차에 잘 되었다는 듯 꼬리를 흔들며 따라왔다. '어이구, 나보다 부지런한 놈이 있었네. 넌 왜 친구도 없이 새벽부터 혼자 놀고 있니?' 하고 인사를 건네자 황구는 내 종아리에 얼굴을 부비기까지 한다. 황구는 오 분쯤 더 따라오다 내가 관심을 보이지 않자 어딘가로 가버렸다.

남걀 사원 입구에 도착하자 날이 훤하게 밝아오고 있었다. 새벽 거리는 부지런한 티베트 사람들 일색이었다. 일찍 나와서 기다리고 있던 나왕이 손을 흔들었다. 우리는 달라이 라마 성소 주위로 난 오솔길을 따라 시계 방향으로 한 바퀴 걷는 코라Kora를 시작했다.

대략 삼 킬로미터에 걸쳐 행해지는 새벽의 코라는 걷기명상 수행으로도 나무랄 데 없는 코스였다. 바위나 돌판에 다양한 색상으로 새겨 넣은 '옴 마니 반메 훔'이라는 글자가 숫자를 헤아릴 수 없을 정도로 오솔길 주변에 가득했다. 마치 티베트 불교를 테마로 한 자연미술 작품들처럼 보였다. 진언이 새겨진 마니를 돌리거나 염주를 굴리며 만트라를 외는 티베트 사람들의 행렬은 꼬리를 물고 이어졌다. 힘겨운 망명생활 중에도 매일 새벽마다 달라이 라마의 안위와 티베트의 자유를 열망하는 숭고한 행렬이었다.

젊은이들을 비롯해 승려와 노인에 이르기까지 코라를 도는 사람들의 연령층은 매우 다양했다. 붓다의 가르침을 오색 천에 새긴 룽타가 소나무 숲의 여기저기서 바람에 펄럭거렸다. 붓다의 말씀이 바람을 타고 멀리 퍼져나가 세상을 구원하길 소망하는 티베트 불교 양식이었다.

오솔길 중간에 이르자 숲을 덮어버릴 듯 엄청난 수의 룽타가 바람에 펄럭이고 있었다. 그 위 가파른 언덕에 위치한 건물이 달라이 라마가 거주하는 곳이었다. 나는 맞은편 건물 벽면에 붙여놓은 사진을 향해 걸음을 옮겼다. 티베트에서 분신자살을 하는 등 독립운동을 하다 희생된 사람들의 얼굴 사진이었다. 사진 아래엔 그들의 이름과 나이 및 희생된 날짜가 기록되어 있었다. 희생자는 주로 이십대 젊은이들이었고, 승려와 여자는 물론 십대 청소년까지 섞여 있어서 가슴이 시큰거렸다.

사진에 눈길을 주고 있는 동안에도 티베트 사람들의 행렬은 끝없이 이어졌다. 불교 행사 주간이어서 다른 도시에서 일부러 찾아온 사람들까지 코라 행렬에 동참한 것 같았다. 다시 얼마쯤 걷자 머리가 하얗게 센 할머니 두 분이 만트라가 새겨진 개인용 '마니'를 돌리며 벤치에 앉아 쉬고 계셨다. 그들은 말씀을 나누면서도 쉬지 않고 마니를 돌렸다.

"우리 티베트 사람들은 만트라를 외며 저걸 한 바퀴 돌릴 때마다 불경을 읽은 것과 맞먹는 효과가 있다고 믿는다네."

나왕은 눈치가 남달라 내가 무언가를 오래 쳐다본다 싶으면 바로 그걸 설명해주곤 했다.

"혹시 자네도 그렇게 믿는 건 아니겠지?"

"저건 그저 방편에 불과한 거야. 정말로 믿는 사람에겐 충분히 가능한 일이겠지만, 그걸 믿지 못하니 우리는 불행한 편에 속하는 거지."

"아침부터 나왕선사 법문이 또 시작되는군."

"내가 진짜로 법문 같은 이야기 하나를 들려줄까? 달라이 라마가 얼마나 명석한 분인지 아는가? 이건 보통 사람들이 잘 모르는 얘기네만, 예전에 인도 네루 수상이 달라이 라마와 담소를 나누다 '티베트 땅이 어디서부터 어디까지라고 생각하느냐?'고 물은 적이 있었네. 2차 세계대전이 끝나고 중국이 티베트를 강제로 병합하는 동안 인도 역시 서북쪽으로 국경을 조금씩 넓혔지. 네루 수상은 그 사실이 마음에 걸려 달라이 라마의 생각을 떠보고 싶었던 게야. 달라이 라마께서 네루에게 뭐라고 대답했는지 아는가? 그분께선 '우리 전통음식인 버터차와 보릿가루를 먹으며 티베트 언어를 사용하는 사람들이 사는 곳이 티베트 땅'이라고 분명하게 말씀하셨네."

"정말 만만치 않은 우문현답이로세. 그 뒤로 네루 수상이 다시는 같은 질문을 던지지 않았겠구먼. 그걸 한국에 적용한다면 '우리 전통음식인 된장과 김치를 먹으며 한국말을 사용하는 사람들이 사는 곳이 한국 땅'이라고 말할 수 있겠군."

"그토록 명철하신 달라이 라마가 한편으론 얼마나 장난을 좋아하시는지 아는가?"

"그건 또 무슨 얘긴가?"

"내가 달라이 라마 처소에 머물면서 두 해 동안 탱화를 그린 적이 있지 않은가. 만월이 다람살라 골짜기를 휘영청 밝히던 어느 날 밤이었지. 아마 새벽 두세 시쯤 되었을 거야. 그날따라 잠이 오지 않으셨는지 밖으로 나온 달라이 라마께서 밤하늘을 올려다보다 갑자기 길도 없는 숲으로 뛰기 시작하셨네. 혼비백산한 경호원들도 곧 뒤따랐지. 얼마 후 무슨 일이 벌어졌는지 아는가?"

"글쎄!"

"오래된 노송 아래서 우두커니 트리운드 산정을 바라보다 천천히 소피를 본 다음, 경호원을 향해 무슨 일이냐고 물으며 미소를 지었지. 그렇게 경호원을 놀려주고 아무 일도 없다는 듯 침실로 돌아가셨네."

"그렇게 보지 않았는데 인간미가 철철 넘치는 분이시구먼. 어쩌면 그날 밤, 달라이 라마도 붓다처럼 몹시 무료했거나 공허해서 그런 게 아니었을까?"

우리는 다람콧에서의 대화를 떠올리며 유쾌하게 웃었다. 나왕의 얘기는 몇 사람의 경호원만 목격할 수 있었던 즐겁고 귀한 얘기였다. 조국의 암담한 현실과 지도자의 무거운 책무 앞에서도 경호원을 놀려주는 달라이 라마의 성정이 너무나 인간적으로 다가왔다. 그런 자리에서 그런 방식으로 경호원의 긴장을 풀어주고 위로할 수 있는 사람이 세상에 얼마나 되겠는가.

새벽의 코라는 삼십여 분 만에 끝났다.

"나왕, 나도 그렇지만 자네 역시 오랜만에 다람살라를 찾았으니 이참에 노블링카를 다녀오는 게 어떨까?"

"좋지."

우리는 남걀 사원 앞에서 택시를 타고 노블링카^{Norbulingka}로 향했다. '보석의 정원'이라는 뜻을 지닌 노블링카는 원래 티베트 수도 라싸에 위치한 달라이 라마의 여름 궁전이었다. 아름다운 정원으로 이루어진 그 궁전은 사십육 헥타르에 달할 정도로 큰 규모를 자랑하는데, 달라이 라마가 어린 시절부터 좋아했던 장소이기도 했다. 그걸 본떠 만든 다람살라의 작은 노블링카는 맥그로드 간즈에서 십사 킬로미터 떨어진 곳에 자리하고 있었다.

택시기사 라훌은 아주 잘생긴 스물네 살의 청년이었다. 맥그로드 간즈에서 태어난 그는 한 달에 오천 루피의 월급을 받는다고 했다. 우리 돈으로 환산하면 대략 십만 원에 해당하는 돈이었다.

"라훌, 그걸로 충분히 생활이 됩니까?"

"집에서 출퇴근하기 때문에 그런대로 생활이 됩니다."

라훌은 택시를 사려고 열심히 돈을 모으는 중이라고 말했다. 여자 친구가 있지만 꿈을 이루려고 결혼도 미룬 상태라는 거였다. 내가 사진을 찍기 위해 요청할 때마다 그는 싫은 내색 없이 몇 번이고 도로변에 차를 세워주었다. 나왕은 와중에 잠깐씩 티베트 사람들과 인사를 나누곤 했다.

얼마 후 우리는 티베트 전통양식으로 지어진 노블링카에 도착했다. 정문으로 들어서자 바람에 펄럭이는 룽타 주변으로 울창한 정원과 연못이 눈에 들어왔다. 규모는 작았지만 치밀한 설계를 통해 꾸며진 정원이었다. 좁은 수로를 따라 시냇물이 흐르고 중간쯤에서 물레방아처럼 마니가 돌아가고 있었다. 그곳에 새겨진 진언이 룽타처럼 세상으로 고루 퍼져나가길 기원하는 의미로 만들어진 듯했다.

연못 오른편엔 티베트 장인들의 솜씨로 만들어진 공예품 전시장이 자리하고 있었다. 이곳을 찾는 방문객에게 판매하기 위한 섬유제품과 기념품들이 즐비했다. 그러나 내겐 연못 왼편에 위치한 민속박물관이 훨씬 흥미로웠다. 티베트 귀족, 승려, 사냥꾼 등의 모습이 조형물로 만들어져 당시의 생활상을 짐작할 수 있었다. 온갖 보석으로 치장한 귀족들의 전통 복식은 화려하기 이를 데 없었다.

"그런데 말이야. 자네가 어머니 뱃속에 숨어 설산을 넘지 않았더라면 지금쯤 티베트에서 무엇을 하고 있었을까?"

"그건 누구도 알 수 없네만, 한 가지 확실한 건 여기서 임지와 만나지 못했을 거라는 사실이지."

"그러니 우리 삶에서 인연이라는 게 얼마나 예측하기 어렵고 질긴 것인가. 오늘 노블링카에 갑자기 오게 된 것도 마찬가지겠지."

우리는 트리운드 뒤로 병풍처럼 펼쳐진 다울라다르 설산을 바라보다 법당으로 들어섰다. 법당의 한가운데 불상이 앉아 있고, 그 아래 달라이 라마 사진이 걸려 있었다. 나왕은 작가답게 한참 동안 탱화를 꼼꼼히 들여다보았다. 인도 부부 한 쌍이 탱화 앞에서 기념촬영을 하다 눈인사를 건네 왔다.

인도 사람들은 티베트 불교를 이방인의 종교로 인식하지 않는 듯했다. 불교가 힌두교를 개혁한 형태로 이 땅에서 발생했고, 자국 승려에 의해 히말라야 너머 티베트로 전파되었으며, 붓다를 비슈누 신의 여덟 번째 화신으로 간주하는 인도 사람들의 종교적 믿음 때문이었다.

다시 맥그로드 간즈로 돌아온 우리는 점심을 먹고 광장에서 헤어졌다.

"나왕, 오늘 저녁에 버스를 타고 델리로 내려간다고 했지? 예전에도 그랬듯이 배웅 같은 건 나가지 않겠네."

"그게 우리들의 작별 방식이지 않은가! 먼 훗날, 세상과도 그렇게 담백한 방식으로 작별하세."

"캐나다에서 너무 바쁘게 달리지 말고 붓다처럼 틈틈이 무료함을 즐기시게. 나중에 한국에도 찾아와 탱화 작업을 하고 말이지. 자네의 작품이 필요한 사찰이 있는지 나도 한번 알아보겠네."

나는 나왕과 헤어져 박수나트로 걸음을 옮겼다. 아직 밑천이 모자라 점포를 마련하지 못한 티베트 상인들이 길가에 앉아 좌판을 벌이고 있었다. 손수 양털로 짠 양말과 토시, 각종 액세서리, 불교용품 등을 파는 사람들이었다.

길모퉁이 계단에 앉아 양말을 파는 훈조 할아버지도 이미 나와 계셨다. 평생 화를 내보지 않았을 것 같은 인자한 얼굴을 지닌 분이었다. 간혹 할머니도 나와 곁에 앉아 계시곤 했는데 곱게 늙어가는 두 분의 모습이 그렇게 아름다울 수 없었다. 일찍 좌판을 펼친 훈조 할아버지 손에서도 마니가 돌아가고 있었다.

즐거운
이웃들
1

옆방에 머물던 장 카르노가 떠났다.

이탈리아에서 태어난 장 카르노는 스위스에서 파티 기획자로 일하는 중이라고 했다. 그는 작년에 이어 이번에도 요가의 도시 리시케시와 다람살라에서 한 달씩 휴가를 즐겼고 내년에도 다시 찾을 계획이라고 말했다.

장 카르노는 조용한 성격을 지닌 중년 남자였다. 반짝이는 민머리와 육중한 덩치에서 전해지는 강인한 인상과 달리 행동거지가 여간 섬세하지 않았다. 그는 종일 방에 틀어박혀 혼자 기타를 치는 일이 많았다. 그러다 한번 외출하면 자정 무렵에야 숙소로 돌아오곤 했다.

장 카르노는 여자 친구도 많은 편이었다. 길에서 마주칠 때마다 그의 곁엔 늘 두세 명의 여자 친구들이 동행했다. 나도 몇 차례 그의 방에서 여자들과 위스키를 마시며 어울리곤 했다. 그가 떠날 때도 다섯 명의 여자가 짐을 하나씩 들고 버스정류장까지 배웅해주었다.

한 장소에 오래 머물다 보면 숱한 작별을 경험하게 된다. 그런 작별의 아쉬움은 이내 새로운 여행자와의 만남을 통해 상쇄된다. 그리고 떠난 사람은 서서히 뇌리에서 잊혀져간다.

박수나트 마을의 저물녘 풍경은 치명적이다. 슬금슬금 짙어지는 어둠의 농도를 지켜보고 있노라면, '내 삶도 오늘 하루만큼 저물고 있구나.' 하는 각성이 들면서 새삼 주변 사물들에게 눈길이 간다. 그것은 누구도 거역할 수 없는 자연에 대한 외경이자 현재의 삶에 대한 반성을 동반하기도 한다.

나는 골짜기로 내려앉는 어둠을 지켜보며 위스키를 홀짝거렸다. 저만치 서 있는 오크트리에도 이윽고 어둠이 내려앉기 시작했다. 오늘은 중년 여인처럼 푸근한 몸매를 지닌 오크트리가 더욱 사랑스럽게 느껴졌다. 마치 염재만의 장편소설 『반노』에 묘사된, 사람과 섹스를 나누는 나무처럼 여간 에로틱한 게 아니다.

오크트리도 그런 시선을 알아차린 듯 온몸을 치맛자락처럼 살랑살랑 흔들어댄다. 우거진 나뭇잎들이 각자 다른 리듬으로 춤을 추어대는 모습은 육감적이기까지 하다. 거친 바람이 불면 격정적인 벨리댄스를 추듯, 미풍이 불면 발목까지 흘러내린 치맛자락을 흔드는 인도 여인처럼 나뭇가지의 흔들림이 시시각각으로 변모한다. 그 춤사위가 어찌나 매혹적인지 실제 여인이라면 침대로 유혹하고 싶을 정도다. 아무래도 장

카르노의 빈자리 때문에 가슴 한쪽이 허전해진 모양이다.

두 집 건너 위쪽에서 동네 여자들의 합창소리가 들려온다. 박수나트 마을에 사는 총각 라훌Lahul과 윗마을 다람콧에 사는 처녀 니샤Nisha의 결혼식 전야제 파티가 시작된 모양이다. 오늘은 신랑 형제들이 인근에 사는 친인척을 초대해 정식으로 결혼 소식을 알리고 음식과 술을 대접하는 날이다.

나는 며칠 전에 인편으로 청첩장을 받았다. 예전부터 이웃의 경조사를 챙기다 보니 종종 있는 일이다. 비교적 깔끔한 옷으로 갈아입고 마당으로 들어서자 악대가 신나게 흥을 돋우고 있다. 여기저기서 아는 얼굴들이 춤을 추다 말고 인사를 건넸다. 남녀구별이 엄격한 탓에 일층은 어린아이와 여자들이 차지했고, 이층은 남자들이 식사를 하는 공간으로, 천막을 두른 삼층 옥상은 술을 마시며 정담을 나누는 장소로 분류되어 있다.

나는 신랑과 인사를 나눈 다음 곧장 옥상으로 올라갔다. 이미 도착해 있던 밀랍과 그의 형제들도 손님들과 환담을 나누고 있었다. 나는 셋째 아지트와 막내 밀랍 사이에 앉았다. 맞은편에 앉아 있던 맏형 아쇼카가 얼른 내 잔에 위스키를 채워주었다. 주변을 둘러보니 전야제 파티에 초대받은 외국인은 나 혼자였다.

아쇼카를 제외하면 다른 형제들은 거의 술을 입에 대지 않았다. 초저녁이어서 아직 취한 사람은 눈에 띄지 않았다. 우리나라 집성촌처럼 마을 사람 대부분과 친인척 관계인 손님들이 나직하게 대화를 나누며 여흥을 즐기고 있었다.

"아지트, 자네 식당에 네 번이나 들렀는데 그때마다 자리에 없더군. 그 훌륭한 식당이 주인이 안 보여서 그런지 예전보다 손님도 줄어든 거 같더라고. 대체 무슨 일로 자리를 비우고 밖으로만 나도는 거야?"

"요즘 형편이 어려운 이웃 사람들을 돕고 있거든. 그래서 오후 늦게 출근하는 일이 잦아서 그래."

"무슨 일인지 모르겠지만 돈을 많이 벌어 그걸로 이웃을 돕는 게 더 효과적이지 않을까?"

맞은편에서 술잔을 기울이던 아쇼카가 잘한다는 듯 내게 응원의 눈길을 보냈다. 그도 은근히 동생 일을 걱정하고 있던 모양이었다.

"내년부터 다시 식당 일에 전념할 생각이야. 그런데 트리운드 트래킹은 다녀왔는가?"

"몇 해 전에 터키 이스탄불에서 발목을 크게 다쳤는데 아직 완쾌되지 않아 엄두를 못 내고 있어."

"그렇다면 말을 타고 가면 되겠네. 다음 주 토요일쯤 함께 트래킹을 하는 건 어때? 막내 동생이 말을 한 필 구해줄 거야. 밀랍, 너도 함께 가는 거지?"

역시 아지트의 성격은 시원시원했다. 좀처럼 형들의 말을 거역하는 법이 없는 밀랍은 알았다는 듯 고개를 끄덕였다. 그는 트래킹 고객을 위해 트리운드 산정에 방 네 개짜리 단출한 게스트하우스도 운영하는 중이었다. 사방으로 히말라야 설산이 펼쳐지는 해발 삼천 미터 트리운드 정상에서 하룻밤을 보내는 일은 상상만으로도 즐거웠다. 더구나 막내인 밀랍과는 예전에도 종종 트래킹을 함께 하던 사이였다.

"임지, 오래전에 트리운드에서 실족사고로 크게 다친 한국 남자를 구해준 적이 있는데, 내가 그 얘기를 했던가?"

"여긴 산세가 험하고 경사가 심해 그런 일이 종종 발생하지 않는가. 어디 말씀해보시게."

어느 날 이스라엘 대사관 직원 하나가 밀랍의 여행사를 방문했다. 트리운드에서 실종된 이스라엘 여행자를 찾으러 온 그는 지리에 밝은 밀랍에게 도움을 청했다. 심성이 착한 밀랍은 사무실 문을 닫아걸고 친구 두 명과 트리운드로 향했다. 그리고 정상 바로 밑에서 우연히 바위에 앉아 쉬고 있던 한국 남자를 만났다. 그들은 잠시 대화를 나눈 다음 곧 헤어졌다.

밀랍은 두 시간쯤 트리운드 지역과 자연동굴까지 샅샅이 수색했지만 이스라엘 여행자를 발견할 수 없었다. 그 대신 밀랍은 바위에서 굴러 떨어져 피를 흘리며 죽어가는 한국 남자를 발견했다. 바위에 앉아 있던 남자는 머리가 삼지창처럼 세 갈래로 찢어진 채 의식마저 잃어버린 상태였다.

밀랍은 현장에서 서둘러 들것을 만든 다음 부상자를 운반했다. 체중이 무려 팔십여 킬로그램이나 되는 부상자를 좁고 가파른 산길로 운반하는 건 여간 힘든 일이 아니었다. 그들은 무려 다섯 시간의 고단한 행보 끝에 구 킬로미터나 떨어진 마을에 도착할 수 있었다.

얼마 후 간신히 의식을 회복한 부상자는 물을 두어 모금 마신 후, 자신의 누나가 비구니인데 다람살라에서 티베트 불교를 공부하는 중이라고 알려주곤 다시 정신을 잃었다. 밀랍은 부상자를 병원에 입원시킨 다음 한국인 비구니를 수소문했다. 이튿날, 밀랍은 본래의 목적인 이스라엘 여행자를 찾기 위해 다시 친구들과 트리운드로 향했다. 하지만 실종자는 끝내 찾을 수 없었다.

"임지, 한 달쯤 지난 후 병원에서 퇴원한 한국 남자가 사무실로 찾아왔더라고. 그 친구가 내게 뭐라고 말했는지 아는가?"

"생명의 은인을 찾아왔으니 당연히 감사의 표현을 했겠지."

"맞아. 그 한국인은 다짜고짜 나를 자신의 신이라고 말하는 거야. 내가 목숨을 살려주었으므로 당연히 그래야만 한다는 거지."

"와우! 드디어 내 친구 가운데 하나가 인간계에서 신계로 들어가는 순간이군. 그것도 육신이 살아 있는 동안 말이지. 그런데 그게 다였는가?"

"아니야. 내게 무엇이든 원하는 게 있으면 얘기하래. 표정과 태도를 보니 진심이더라구."

"꼼짝없이 죽어가던 목숨을 살려주었으니 당연한 처사지. 그래서 어떻게 했는가?"

"사진이나 한 장 찍어달라고 했지. 내겐 그걸로 충분하다고."

"난데없이 사진이라니 그게 무슨 말인가?"

"당시 그 한국인이 다람살라에서 사진을 공부하는 중이었거든."

"하긴. 이미 신이 되어버린 밀랍이니 무엇이 더 필요했겠나?"

나는 농담을 던지면서도 벅찬 감동으로 고개를 끄덕였다. 밀랍의 성품이라면 충분히 그러고도 남을 만한 일이었다. 바로 그런 점 때문에 다람살라엔 밀랍을 사랑하는 사람이 무척 많았다. 세상에 그런 친구가 한 명쯤 있다는 건 내게도 즐겁고 행복한 일이었다.

사실 다람살라에선 간혹 실종 사고가 발생하곤 했다. 가이드를 동반하지 않거나 술을 마신 후 깊은 산중에 들어갔다가 실족하는 경우가 대부분이었다. 그래서 카페나 건물 벽면에 실종자의 사진이 인쇄된 포스터가 붙어 있기도 했다. '가족이 몇 개월째 애타게 찾고 있으니 실종자를 보신 분은 대사관으로 연락을 바란다'는 내용들이었다.

실종이라고 해서 모두가 산중에서 변을 당하는 건 아니다. 아주 드문 일이지만 마약의 유혹에 빠져 비자가 만료된 걸 모른 채 연락을 끊고 지내는 사람도 있기 때문이다. 가끔 가족에게 전화라도 걸면 괜찮을 텐데 그게 쉽지 않은 모양이었다.

"임지, 다람살라 결혼식에선 사람들이 밤새 술을 마시더라도 마지막 손님이 일어설 때까지 문을 닫지 않는 풍습이 있어. 그렇다고 끝까지 남아 있으라는 건 아니야. 바쁘면 언제든지 중간에 일어서도 돼."

"그거 훌륭한 미풍양속이구먼. 한국에 있는 내 친구들이 안다면 굉장히 좋아할 만한 얘기야. 그렇지만 오늘은 얼마쯤 놀다 일어서겠네."

아쇼카는 연거푸 내게 잔을 권했다. 나는 넉 잔의 술을 더 받아 마신 후 전작을 핑계로 자리에서 일어섰다.

집으로 돌아오자 옆방에 묵는 티아나가 몹시 반가워했다. 그녀는 다람살라에서 지내는 동안 투시타 명상센터에서 티베트 불교 강좌를 듣고, 위파사나 수행센터에도 다녀오고, 최근에는 아침마다 요가까지 배우러 다니는 중이었다. 부지런하고 똑똑하고 야무지게 생긴 처녀였다.

"임지, 오늘은 어떤 재미난 일이 있었나요?"

"뭐, 별로. 장 카르노가 떠났고, 결혼식 전야제에 다녀왔으며, 틈틈이 티아나를 그리워한 게 다였지요."

"사실은 오늘 따라 나도 그랬는데. 그래서 임지가 좋아하는 야크 치즈를 사왔어요."

티아나는 내 농담에 맞장구를 치며 깔끔하게 포장된 야크 치즈 한 덩이를 내밀었다.

"아니, 이 귀한 걸 어디서 발견했어요?"

"맥그로드 간즈 광장 옆 작은 상점에서 구입했어요."

"이렇게 고마울 수가. 얼마던가요?"

나는 지갑을 꺼내들었다. 그녀는 한사코 돈을 거절했다.

"나는 젊은 당신에 비해 돈 벌 기회가 비교적 많은 편이니 치즈를 그냥 받을 순 없어요."

"그건 제 선물이니까 그냥 받아주세요. 대신 방에 숨겨둔 위스키나 한 잔 주실래요?"

나는 그녀의 고집을 꺾지 못하고 위스키를 따라주었다.

"오늘은 남자 친구 타시가 보이지 않네요?"

"보름 동안 불교 행사가 열리는 중이라 종일 사원에서 지내나 봐요. 술과 육식은 물론이고 섹스까지 자제하는 중이래요. 그런데 임지는 왜 여자 친구를 만들지 않나요?"

"요즘엔 저 오크트리가 내 여자 친굽니다. 저렇게 관능적인 나무는 평생 처음이에요."

우리는 두 그루 나무를 바라보며 대화를 이어갔다. 얼마 후 티아나의 남자 친구 타시가 합류했다. 여기 다람살라에서 사귄 티베트 남자였다. 그는 해질녘이면 어김없이 찾아와 얘기꽃을 피우다 섹스를 나눈 후 돌아가곤 했다. 그다지 방음이 좋지 않아서 나는 밤마다 그녀의 나른한 신음을 들어야 했다.

솔직하면서도 경박한 성격을 지닌 타시는 오늘도 자기가 섹스를 얼마나 좋아하는가에 대해 열변을 토했다. 십대 후반엔 온종일 아무것도 눈에 들어오지 않을 정도로 오직 여자와 섹스에만 탐닉하던 시절도 있었다는 거였다.

"타시, 대부분의 남자들이 한 번쯤 그런 시기를 겪지 않나요?"

"문제는 요즘에도 그걸 억제하는 게 힘들어 죽을 지경이라는 거지요. 더구나 지금은 불교 행사 주간인데도 말이에요."

이 직선적이고 귀여운 남자를 어찌할 것인가. 절에 들렀다가 우연히 목격했지만, 그는 실제로 매일 새벽 다섯 시부터 한 시간 동안 출라캉 법당에서 오체투지로 절을 올리고 있었다. 이어 코라를 돈 다음 다시 사원에서 종일 기도를 했다.

나는 타시에게 성욕은 자연의 이치이며, 우리 또한 자연의 일부라고 말해주었다. 티아나 또한 수긍하듯 고개를 끄덕였다. 대학에서 저널리즘을 공부한 티아나는 캐나다에 있는 남자 친구 얘기를 들려주었다. 묵묵히 듣고 있던 타시는 티아나를 무척 좋아하지만 자기에게도 다른 여자 친구가 있다고 말했다.

티베트 불교와 탄트릭 수행에 대해 열변을 토하던 타시는 두 시간쯤 후 자신의 집으로 돌아갔다. 세 살 때 부모님의 등에 업혀 티베트를 빠져나온 그는 보기보다 불심이 돈독해 보였다. 티베트 사람들에게 불교는 종교가 아니라 깊이 각인된 생활의 일부였다. 그래서인지 다람살라에서도 일부 티베트 사람들은 형제 가운데 한 사람이 출가하는 오랜 전통을 여전히 이어가고 있었다.

"임지 말처럼, 저 나무를 자꾸 바라보니 정말 푸근한 여인의 몸매를 닮았군요. 임지는 자유롭고 거침없는 사람처럼 보이지만 의외로 낯을 좀 가리는 편인가 봐요?"

"글쎄요. 저도 젊은 시절엔 너무 자유로워서 종종 실수를 했지요."

"이제 슬슬 다람살라가 지루해지기 시작했어요. 아무래도 떠날 때가 된 것 같아요."

"다음 행선지는 어디로 잡으셨나요?"

"다질링에 가서 칸첸충가 산맥과 시킴 지방을 둘러보고 싶었는데, 이미 우기로 접어들었으니 레 라다크 고원 지방으로 가볼까 생각중이에요."

"인도의 작은 알프스로 알려진 마날리로 가서 보름쯤 머물다 보면 레라다크로 가는 얼어붙은 길이 열릴 거예요. 더 빨리 가고 싶다면 스리나가르를 경유하는 방법도 있고요. 어떤 길을 선택하든 비현실적인 푸른 하늘과 건조하고 환상적인 산맥들을 접하게 될 겁니다."

"어쩜 그렇게 길이 열리는 날짜까지 인도 사정을 잘 알고 있죠?"

"나도 처음엔 가이드북을 가지고 여행을 다녔어요. 그러다가 가이드북을 내던지고 이 땅에서 매년 절반쯤 살기 시작한 게 벌써 이십 년이 넘었거든요."

"임지는 정말 자유롭고 특별한 삶을 사는 것 같아요. 그동안 한껏 게으름을 피웠는데 이젠 나도 중단했던 글을 쓰고 싶어졌어요."

"그거 좋은 생각이네요. 글을 쓰다 보면 내면에서 무언가 정리되는 느낌이 들거든요."

갑자기 밤하늘에서 번갯불이 번쩍이기 시작했다. 이어 바람이 축축해지는가 싶더니 빗방울이 떨어져 내렸다. 바람이 거칠어지자 오크트리 잎사귀들도 빠른 리듬으로 몸을 흔들기 시작했다.

우리는 위스키 병을 비운 다음 각자 방으로 돌아갔다. 침대에 누워 바람 소리를 듣고 있자 마음이 편안해졌다. 비를 몰아오는 바람에 귀를 내맡긴 채 오크트리를 바라보다 살짝 잠이 들었는데 문을 두드리는 소리가 들렸다.

"누구?"

"저, 오크트린데요. 잠시 문 좀 열어보세요."

티아나의 목소리였다. 문 밖에 서 있는 그녀에게서 상큼한 비누 냄새가 풍겨왔다. 나는 춤을 추듯 온몸을 리드미컬하게 흔드는 그녀를 보며 웃음을 터뜨렸다.

이른 아침부터 이웃에서 악대의 연주소리가 요란하게 들려왔다. 어젯밤 새벽 한 시쯤 멈추었다 다시 시작된 음악은 마을을 온통 축제 분위기로 몰아넣고 있었다. 춤과 음악을 좋아하는 인도 사람들의 남다른 신명은 결혼식장에서 그 진가를 드러내는 것 같았다.

오후 두 시, 다시 찾은 신랑 집에선 전통 혼례식이 한창 진행 중이었다. 신부는 아직 친정에 머물고 있기 때문에 신랑 가족과 친지들만 참석한 채 행사가 이루어졌다. 요기처럼 최소한의 속옷만 걸치고 온몸에 재를 바른 신랑이 활과 화살을 들고 방에서 나와 태양신 수리야Surya에게 기도를 올렸다. 화장터에 머물며 몸에 재를 바른 채 고행하던 시바 신의 축복을 기원하는 퍼포먼스였다. 그는 세 번이나 집 안과 바깥을 왕복했다.

신랑이 몸에 재를 바르고 출가 수행자 복장을 하는 것 또한 시바 신으로부터 유래한 풍습이었다. 신화에 의하면 신들 앞에서 두 번째 결혼식을 올리던 시바는 수행을 지속하기 위해 갑자기 숲으로 도망쳤다. 도중에 다시 잡혀온 그는 주변의 설득으로 어쩔 수 없이 첫 번째 아내 사티의 환생인 파르바티를 맞이하게 되었다는 신화가 그것이다. 인도 사람들에게 신화는 이처럼 일상생활 곳곳에 깊이 스며들어 있다.

인도의 모든 결혼식에서 이런 장면이 연출되는 건 신랑에게 출가 수행자가 될 마지막 기회를 주기 위해서였다. 만일 신랑이 요기가 되길 원하면 어떤 비난도 없이 결혼은 그 자리에서 당장 취소된다. 그런 경우는 아주 드물지만 신부가 마음에 들지 않아 도망치고 싶거나 실제로 요기가 되길 원한다면 마지막으로 그걸 선택할 권리가 주어지는 것이다.

그 자리에서 결혼을 선택하면 신랑은 사회의 구성원이 되어 가족을 부양하는 임무가 끝날 때까지 출가할 수 없다. 인도 전역에 흩어져 있는 팔백만 명으로 추산되는 요기와 그들을 존중하는 문화가 빚어낸 인도만의 색다른 결혼 풍속이다.

얼마 후 친지들이 신랑에게 선물을 증정하는 절차가 진행되었다. 신랑의 복장은 왕을 연상케 할 정도로 화려했다. 가슴에 지폐로 만든 화환을 건 신랑에게 선물과 축의금이 전달될 때마다 한 남자가 노트를 들고 내용과 액수를 자세히 기록하고 있었다. 그러는 동안에도 악대의 연주는 계속되었다.

마침내 오후 다섯 시가 되자 악대를 떠들썩하게 앞세운 신랑이 가마를 타고 신부 집으로 향했다. 본격적인 결혼식을 진행하기 위해서였다. 그 뒤로 아이들과 한껏 치장한 하객이 줄지어 따라붙었다. 신랑의 가마 행렬은 도중에 걸음을 멈추고 춤을 추어대는 사람들로 인해 자주 지체되었다.

일 킬로미터도 되지 않는 가까운 거리였지만, 가파른 비탈길이 많아 여섯 명의 가마꾼은 몇 차례나 쉬어가기를 반복했다. 드디어 행렬이 꽃과 휘장으로 단장한 신부 집 문 앞에 도착하자 얼굴이 보이지 않을 만큼

주렴을 잔뜩 늘어뜨린 신랑이 가마에서 내렸다. 그러자 도착을 알리는 악대의 연주소리가 더욱 커지면서 폭죽까지 터지고 있었다. 그 소리가 어찌나 요란한지 산책 나온 티베트 스님들까지 걸음을 멈추고 구경할 정도였다.

신부 집은 다문화 가정이었다. 오래전에 다람살라로 여행 온 독일 여자와 현지 남자가 눈이 맞아 결혼하게 되었고, 어느덧 그 딸이 성장해 다시 혼례를 올리게 되었다. 양가 어른들이 대문 앞에서 인사를 나눈 후 선물 교환까지 마쳤지만, 신랑은 한동안 신부 집으로 들어서지 못 했다. 신부 자매들이 장미꽃이 소복한 쟁반을 받쳐 들고 신랑의 진입을 제지하고 있어서였다. 우리가 함을 팔듯 자매들은 축복의 꽃가루를 뿌리며 돈을 요구했다. 신랑 측 하객들도 재미난 줄다리기를 지켜보며 밖에서 한동안 기다려야만 했다.

얼마 후 흥정이 끝나자 신랑이 대문으로 들어섰다. 대형 천막이 설치된 신부 집 정원엔 이미 하객들로 가득했다. 신랑이 자리에 앉으면서 힌두교 의식과 함께 본격적인 혼례가 시작되었다.

한참 후 얼굴을 반쯤 가린 신부가 걸어 나와 신랑 곁에 앉자 그녀의 얼굴을 보려고 주위가 소란해졌다. 이곳저곳에서 카메라 플래시가 터졌다. 결혼식이 엄숙하게 진행되는 동안에도 정원 한쪽에선 젊은이들이 트랜스 음악을 틀어놓고 춤판을 벌이고 있었다.

나는 예식 도중에 친구 밀랍과 신부 집을 빠져나왔다. 집으로 돌아오자 티아나가 반갑게 웃으며 결혼식이 어땠느냐고 물었다. 그녀는 종일 타시와 티베트 불교 강좌를 듣느라 예식 장소에 올 수 없었다.

아홉 시가 조금 넘어 나는 뒤풀이를 보기 위해 티아나와 함께 다시 신부 집으로 향했다. 예식은 이미 끝난 뒤였고 정원에서 떠들썩한 춤판이 무르익고 있었다. 젊은이들은 최근 유행하는 빠른 리듬의 영화 음악에 맞추어 요란하게 몸을 흔들었다. 나이든 사람들은 조금 떨어진 곳에서 전통악기를 연주하며 춤을 추어댔다. 어느새 티아나도 젊은이들 틈으로 비집고 들어가 열정적으로 춤을 추기 시작했다. 그러자 그녀 주위로 삽시간에 젊은이들이 몰려들었다.

나는 나무 밑에 앉아 그녀의 열정적인 춤사위를 감상했다. 그녀 주위로 술에 취한 남자들이 몰려들었지만 크게 걱정되지 않았다. 그녀라면 충분히 지혜롭게 대처할 수 있으리라 여겼다. 한참 후 티아나가 내게로 돌아오자 인도 청년들이 아쉬운 눈길로 그녀를 바라보았다. 잠시 후 술에 잔뜩 취한 단단하고 작달막한 체구의 남자 하나가 비틀거리며 다가와 그녀에게 수작을 걸었다. 티아나에게 자신이 운영하는 호텔로 함께 가자는 노골적인 언사도 서슴지 않았다.

나는 남자의 어깨를 감싸며 작은 소리로 속삭였다.

"저기서 많은 사람들이 당신을 쳐다보고 있군요. 당신에겐 춤판이 더 어울릴 거 같지 않나요?"

"내 몸에 손대지 마. 내가 누군 줄 알고 까불어!"

"시바 신의 이름으로 축복을!"

내가 엉뚱한 소리를 하자 그는 잠시 취한 눈으로 티아나와 나를 번갈아 쳐다보았다.

"이제 그만 돌아갈까요? 내일 새벽에 불교 강좌가 있다면서요."

우리는 정원을 둘러본 다음 천천히 뒤풀이 장소를 빠져나왔다. 작달막한 남자는 여전히 티아나로부터 눈길을 거두지 못하고 있었다. 그녀의 관능적인 춤에 반쯤 녹아버린 듯했다.

우린 랜턴을 비추며 밤길을 조심조심 내려왔다. 밤이 깊어 네팔 부부가 운영하는 식당도 막 문을 닫으려는 중이었다.

수만 세르파가 어둠 속에서 용케 나를 알아보고 손을 흔들었다.

"아직 작은 딸 소식을 알아보러 네팔로 떠나지 못했군요?"

"저 대신 남편이 갔는데 내일쯤 돌아올 예정이에요."

"부디 좋은 소식을 가져와야 할 텐데."

낮은 돌담을 사이에 두고 수만과 얘기를 나누고 있는데 어둠 속에서 한 남자가 비틀거리며 걸어왔다. 박수나트 사원 초입에서 옥수수를 구워 파는 육십대 중반의 소누 영감이었다. 잔칫집에서 공짜 술을 얼마나 들이켰는지 내 얼굴도 알아보지 못할 정도였다.

나는 영감이 너무 휘청거리는 것 같아 부축해주려고 한 걸음 다가섰다. 내 도움을 뿌리친 영감은 티아나를 향해 비틀거리며 다가가는가 싶더니 순식간에 젖무덤을 세 차례나 주물러댔다. 술김을 가장한 대단히 신속하고도 교묘한 손놀림이었다.

나는 얼른 영감을 부축하며 또박또박 말했다.

"소누 영감, 당신 용기가 아주 대단해!"

그는 너무 취해 무슨 말인지 모르겠다는 표정으로 산길을 마저 내려갔다. 티아나는 비명을 지르거나 화를 내지 않았다. 역시 그녀는 보통 침착하고 담대한 여자가 아니었다.

나는 티아나의 마음을 편하게 해주려고 짐짓 농담을 던졌다.

"저 영감, 평소엔 부끄럼도 잘 타고 소심한 사람이에요. 비록 취기를 빌리긴 했지만 순간적인 용기가 필요했을 테고요. 오늘밤, 저 영감의 용기가 가상하지 않나요?"

"참 귀여운 영감 같아요."

나는 그제야 티아나의 어깨를 다독이며 마음 놓고 웃음을 터뜨렸다.

즐거운
이웃들
2

그동안의 경험에 의하면 인도의 수질은 그렇게 좋은 편이 아니다. 열흘쯤 같은 주전자에 물을 끓이다 보면 바닥에 석회가루가 하얗게 달라붙어 있을 정도다. 그에 비해 다람살라에선 계곡 물을 그냥 마셔도 될 만큼 수질이 훌륭하다. 그래서인지 박수 폭포로 가는 계곡은 물놀이 나온 사람들로 항상 북적거린다.

나는 오랜만에 운동화로 갈아 신고 박수 폭포로 향했다. 요즘이 다람살라를 찾는 여행자가 가장 많은 시기여서 산허리를 깎아 만든 좁은 길은 수많은 인파로 소란스러웠다. 그들 대부분은 암리차르나 델리, 뭄바이 등 다른 지역에서 온 인도 사람들이었다. 인도 경제가 발전하면서 여가를 즐기는 사람들이 폭발적으로 늘어났기 때문이다.

나는 박수 폭포를 지나 시바카페로 올라갔다. 길이 끝나는 지점에 위치하고 있어서 예전에도 한적함을 즐기기 위해 자주 찾았었다. 그런데 막상 현장에 도착해보니 산타나의 〈블랙우먼〉과 함께 인도 여행자들이 바글거리는 게 과거의 고적한 분위기가 아니었다.

바위틈에서 흘러내린 물줄기를 맞으며 꿈틀거리는 흰색의 코브라 조각상, 크고 넓적한 석판에 그려진 시바와 가네샤 신의 그림 등 카페 외관은 예전과 달라진 게 없었다. 하지만 하루 종일 같은 자리에서 노닥거리던 히피 풍모의 외국인 여행자는 한 사람도 보이지 않았다. 그곳에서 바라보는 시원한 전망만 그대로였지 완전히 달라진 분위기였다.

시바카페도 엄연히 인도 땅인데 현지 여행자들이 많다고 해서 이상할 건 없었다. 그렇지만 한편으로 서운한 느낌이 드는 것도 사실이었다. 외국인들이 연출하던 카페의 독특한 분위기가 사라져버린 데 대한 아쉬움 때문이었다.

나는 홍차를 마시며 새삼스럽게 계곡 주변의 험준한 산세를 둘러보았다. 언젠가 벼랑을 타던 유럽 여행자가 굴러 떨어졌을 만큼 경사면이 여간 가파르지 않았다. 내가 걸어온 한참 위쪽 산허리로 양떼나 염소가 지나다녔을 법한 길 하나가 다람콧 마을로 이어지고 있었다. 직벽에 가까운 경사면의 벼랑을 깎아 만든 아슬아슬한 길이었다.

나는 망설이지 않고 그 호젓한 길을 선택했다. 벼랑을 따라 계곡에서 마을로 연결된 굵은 수도 파이프가 햇볕에 반짝거렸다. 잠시 걸음을 멈추고 계곡을 바라보자 빨래를 바위에 말리고 있는 사람들과 가족 단위로 소풍 나온 티베트 사람들의 모습이 눈에 들어왔다. 거기서 조망하는 다람살라 시내 전경과 멀리 펼쳐진 캉그라 계곡 풍경은 단연 압권이었다.

인적이 드문 길을 한참 걸어 산모퉁이로 접어들자 반바지 차림에 웃옷을 몽땅 벗은 프랑스 친구 디두시Didush가 책을 읽으며 일광욕을 즐기고 있었다. 내 집과 그의 숙소가 가까워서 종종 인사를 나누던 사이였다. 그의 몸엔 놀랍게도 얼굴을 제외한 모든 부위에 문신이 새겨져 있었다. 그 문양이 어찌나 다채롭고 화려하던지 저절로 눈길이 갔다.

나는 디두시의 고적한 시간을 방해하는 게 미안했지만 바위에 걸터앉아 담배 한 대를 피워 물었다. 얼마 후 인기척을 느낀 그가 담배를 얻을 수 있느냐고 물었다.

"디두시, 이처럼 멋지고 호젓한 장소를 어떻게 발견했습니까? 정말 다른 세상처럼 여겨지는 곳이네요."

"이 골짜기엔 잘만 찾아보면 이런 곳이 수없이 많습니다. 우연히 여길 발견했는데 전망이 훌륭하고 조용해서 날마다 찾게 되었습니다."

"방금 전에 책을 읽고 계신 것 같던데요?"

"장 주노의 도둑일기입니다. 혹시 읽어보셨습니까?"

"나도 젊은 시절엔 그 작가의 팬이었습니다. 이런 곳에서 장 주노를 접하다니 놀라운 일이군요."

나는 배낭에서 반병쯤 남은 위스키를 꺼냈다. 『도둑일기』라면 나도 대학 시절부터 서너 번쯤 읽은 자전소설이다. 어려서부터 시작한 도둑질과 온갖 범죄 행각을 후회하기는커녕, 오히려 자신의 삶을 모험과 스릴로 가득한 시간이었다고 회상하던 장 주노. 수감된 감옥조차 성곽처럼 편안하고 안전한 곳으로 묘사한 장면들이 머리를 스치고 지나갔다.

사형수 장 주노는 감옥에서 조금도 반성할 기미가 없이 오히려 자랑처럼 저술한 그 책 덕분에 대통령 특사로 풀려나는 반전을 경험한 작가였다. 실존주의 작가 사르트르 역시 그를 성자 주노라고 불렀으니 어쩌면 그것은 프랑스여서 가능한 일이었을 터였다.

그런 독특하고 오래된 책을 들고 인도를 여행할 정도라면 디두시 역시 어딘가 남다른 사람일 거라는 생각이 들었다. 우리는 잔이 없어서 위스키를 병째로 몇 모금씩 나눠 마셨다. 그가 상체를 움직이자 문신들이 살아 꿈틀거리는 것처럼 보였다.

"아주 오래 여행한 사람처럼 보이는데 다람살라에 오신 지 얼마나 되었습니까?"

"십 년쯤 전에 여길 지나갔다가 여행을 마치고 귀국하는 길에 다시 들렀습니다."

"그렇다면 십 년째 장기여행 중이란 말씀인가요?"

"프랑스를 떠난 지 십이 년쯤 된 것 같습니다. 마지막 여행지인 다람살라에서 그동안의 여정을 돌아본 후 프랑스로 돌아갈 계획입니다. 이제 원하던 바를 얻었으니까요."

혹시나 했더니 역시나였다. 당연한 일이지만 디두시의 여행 이야기가 궁금해졌다. 나는 무심한 듯 위트를 섞어 말했다.

"당신 몸이 마치 걸어 다니는 타투 갤러리처럼 보이는군요. 매우 아름답고 다양한 작품입니다. 내가 보기엔 한두 사람의 작품이 아닌 것 같은데 결례가 되지 않는다면 문신에 얽힌 이야기를 들어보고 싶군요."

짧은 순간, 디두시의 얼굴로 뿌듯한 자부심 같은 게 지나갔다.

"임지는 처음으로 내 몸을 가리켜 갤러리라는 멋진 표현을 해준 사람입니다. 이건 당신 말처럼 그냥 문신이 아니라 내 여행의 기록이기도 합니다. 유럽에서 아프리카, 중동, 인도, 태국, 중국 등을 거쳐 일본까지 칠십여 나라를 여행하는 동안 가장 뛰어난 명장을 찾아가 한두 달씩 사사받은 후 기념으로 한 점씩 새긴 거니까요."

"도합 십여 년에 걸쳐 이루어진 작품이라는 얘긴가요?"

자리에서 일어난 디두시는 대답 대신 천천히 돌아섰다. 내게 자신의 문신을 샅샅이 감상해보라는 배려였다. 그가 다시 자리에 앉아 반바지를 걷어 올리자 문신이 사타구니까지 빼곡하게 채워져 있었다.

"여백을 발견하기 힘들 정도로군요."

"그 말이 사실입니다. 내게 갤러리라는 찬사를 해주셨으니 가장 최근에 새긴 좀 특별한 것을 보여드릴까요?"

디두쉬가 허리춤을 풀자 묵직한 남근이 튀어나왔다. 거기 귀두에도 삼지창처럼 생긴 트리슐라Trishula 모양의 문신이 새겨져 있었다. 원래 트리슐라는 시바 신이 들고 다니던 요기의 상징이자 무기 가운데 하나였다. 또한 그것은 산중에서 수행하는 요기들이 야생동물들로부터 자신을 보호하기 위한 도구로 사용되기도 했다. 세 개의 뾰족한 날은 각각 세계의 창조, 유지, 그리고 재창조를 위한 파괴를 뜻하며 요기들의 이마에 그려진 같은 디자인 역시 같은 의미로 통용되고 있었다.

"그 작업이 이루어지는 동안 굉장히 고통스러웠겠어요?"

"말로 표현할 수 없을 만큼 힘든 경험이었습니다. 나는 요기들이 수행하듯이, 명징한 의식을 동원해 육체적 고통이라는 대상을 주시하고 싶었습니다."

"어떤 조건에서 어떤 현상이 일어나든 몸과 마음과 느낌이라는 대상을 마음으로 주시하고 관찰하는 게 명상이라면 당신은 문신을 수행의 차원에서 경험한 사람이군요."

디두시가 눈빛을 반짝이며 제안했다.

"당신도 한번 문신을 해보겠습니까? 원한다면 무료로 해드리겠습니다."

"언젠가 경험하고 싶은 세계이긴 하지만 아직 마음으로 디자인을 결정하지 못했습니다. 프랑스로 귀국하면 모든 게 낯설 텐데 혹시 계획한 일이라도 있으신가요?"

"우선 문신 가게를 내고 조그만 명상센터도 운영해볼 생각입니다."

우리는 산길을 내려오면서 대화를 이어갔다.

"이번 여행은 언제쯤 끝납니까?"

"내일 저녁 다람살라를 떠나 프랑스로 돌아갑니다."

"정말 오랜만에 귀국하는 것이겠군요. 감회가 새롭겠습니다."

"내겐 십여 년이 아니라 십여 개월처럼 느껴지는 여정이었습니다."

디두시는 자신의 숙소 앞에서 내게 작별을 고했다.

"임지, 우리는 무상無常의 길을 가야만 합니다."

디두시는 분명히 낫씽 웨이Nothing Way라고 말했다. 그런데 내겐 그 말이 자동번역기처럼 무상이라는 말로 바뀌어 들렸다. 아마도 그건 디두시의 열두 해에 걸친 육로 여행이 주는 이미지 탓이었을 것이다. 세상의 수많은 작별인사 가운데 무상을 운운하는 그의 인사말이 내겐 범상치 않게 들렸다.

그의 말처럼 십여 년을 여행하면 어떻고 십여 개월을 여행하면 어떤가. 세상의 모든 나라를 두루 여행하면 어떻고 한두 나라를 여행하면 또 어떤가. 얼마나 오래, 얼마나 많은 나라를 여행하느냐가 아니라 그런 시간들을 통해 자신이 어떻게 변할 수 있느냐가 중요한 일이었다.

얼마 후 박수나트 마을로 향하면서도 가슴은 쉽게 진정되지 않았다. 문화라는 건 현지에 살고 있는 사람들뿐만 아니라 그 땅에 찾아와 머무는 사람을 통해서도 꽃을 피우게 마련이었다. 어느 히피로부터 시작해 스무 군데 넘게 성업 중인 피자집들이 그러하고, 다람살라에서 완성된 츠링 도르제의 퍼포먼스 공연이 그러했다. 앞으로 다람살라의 타투 문화 또한 어떤 양상으로 전개될지 아무도 알 수 없는 일이었다.

다람콧 마을을 산책하고 내려오는데 수만 세르파가 큰소리로 내 이름을 불러댔다. 무슨 일인가 싶어 가보았더니 그녀는 웃음을 가득 물고 남편이 며칠 전 네팔에서 돌아왔다고 호들갑을 떨었다. 얼마 전의 침울하던 모습과 완전히 달라진 얼굴이었다.

"수만, 이제야 예전의 예쁜 얼굴로 돌아왔네요. 작은딸은 무사하던가요?"

"다행히 임지 덕분에 남편과 함께 돌아왔어요. 정말 감사합니다."

"아주 기쁜 소식이군요. 그런데 딸은 어디에 있나요?"

"큰딸이랑 잠시 외출했는데 금세 돌아올 거예요."

"나도 작은딸의 얼굴을 빨리 보고 싶군요."

잠시 후 남편 양두 세르파Yangdu Sherpa가 모바일 폰으로 직접 찍어온 동영상을 보여주었다. 산사태로 무너져 내린 길들과 처참하게 파괴된 가옥을 보니 네팔 사람들이 겪어낸 고초를 짐작할 수 있었다. 양두는 부서진 집은 나중에 또 지으면 된다며 가족이 무사한 걸 다행으로 여기는 눈치였다. 그런 엄청난 재앙 앞에서도 평정심을 유지하는 양두를 보니 역시 한 집안의 가장이라는 생각이 들었다.

원래 양두의 직업은 이름에서 짐작할 수 있듯 트래킹 전문 가이드였다. 그러나 영어를 못하다 보니 일거리가 차츰 줄어들었다. 최근에는 돈벌이가 된다는 소문이 돌자 현지인 가이드까지 늘어나면서 양두는 일손을 거의 놓게 되었다.

"양두, 집을 다시 지으려면 부지런히 돈을 벌어야 하는데 걱정이겠어요?"

양두는 아내의 통역을 통해 내 말을 알아듣고 웃기만 했다.

"양두는 식당을 운영하니 요리는 잘하겠네요. 내가 친구네 여행사에 한번 추천해볼까요?"

수만의 통역을 통해 내 말을 이해한 양두는 고맙다는 말을 연발했다.

"수만, 그건 그렇고 바늘하고 실이 있으면 좀 빌려줘요. 바지 호주머니가 터져서 동전이 줄줄 새나가거든요."

내가 배낭에서 바지를 꺼내자 수만은 잽싸게 바느질을 해주었다. 잠시 후 네팔에서 데려온 오세안이 언니 만시와 함께 나타났다. 그녀가 서너 살 무렵이었을 때 보고 오랜만에 다시 만나는 것이어서 감회가 남달랐다. 아직 열서너 살인 오세안은 다행히 건강하고 밝은 표정이었다.

나는 그녀를 불러 앉혔다.

"오세안, 참으로 오랜만이구나. 네가 겪은 일들을 들려주겠니?"

네팔에서 막 초등학교를 졸업한 오세안 역시 영어가 서툴러 수만이 통역에 나서야 했다. 오세안은 지진 당시 집에서 혼자 놀고 있었다고 했다. 할아버지가 산으로 양떼를 몰고 나간 직후였다. 갑자기 땅이 흔들리자 그녀는 겁에 질려 구석으로 몸을 피했고, 이내 벽과 지붕이 와르르 무너져 내렸다.

그런데 다행히 그녀를 덮치던 대들보 한쪽이 벽에 비스듬하게 걸리면서 멈추었고 그 사이로 작은 공간이 만들어졌다. 그 대들보가 지붕처럼 사방에서 쏟아진 온갖 잔해들로부터 그녀를 구해준 거였다. 그 속에 한동안 갇혀 있던 오세안은 삼십여 분에 걸쳐 돌과 흙더미를 치워가며 사지에서 빠져나왔다. 동영상으로 확인했듯 폭격을 맞은 것처럼 완전히 부서진 폐허 속에서 한 군데도 다치지 않고 돌아온 것이다.

나는 그런 오세안이 대견해서 머리를 쓰다듬어주었다.

"너는 기적의 딸이야. 그 후 어디서 먹고 자면서 지냈니?"

"다행히 화를 면한 이웃집에서 얻어먹고 자면서 틈틈이 무너진 집을 치우러 다녔어요."

"세간은 아무것도 건지지 못 했겠네?"

아직 영어가 능숙하지 않은 오세안을 대신해 수만이 끼어들었다.

"남편이 도착해보니 쓸 만한 게 하나도 남아 있지 않더래요. 간신히 이불만 찾아내 빨아놓고 돌아왔다는군요."

"집을 새로 지은 게 작년이라고 했던가요?"

"맞아요. 십 년에 걸쳐 이룬 꿈이 일 년밖에 살지 못하고 물거품이 되어버린 거지요."

"오세안은 다시 낳지 못하지만 집은 얼마든지 새로 지을 수 있으니 그나마 다행이에요. 양두, 딸이 기적적으로 돌아왔으니 작은 파티라도 열어야 되지 않겠어요?"

"잠깐만 기다려주세요. 우리 딸이 무사히 돌아올 수 있도록 도움을 주셨으니까 저녁을 대접하고 싶어요."

부엌으로 들어간 양두는 얼마 후 먹음직스러운 탈리를 내왔다. 따스한 쌀밥과 콩죽과 야채볶음과 요구르트로 이루어진 상찬이었다.

아이스크림 가게 주인 굴랍 싱Gulab Singh은 사십대 중반의 노총각이었다. 그의 고향은 다람살라에서 버스로 여덟 기간 거리에 위치한 만디 Mandi였다. 그는 열다섯 살 때 홀로 고향을 떠났다. '장미꽃으로 만든 사자'라는 이름을 가진 그가 처음 도착한 곳은 무굴제국 황제들이 대대로 사랑했던 히말라야 호반의 도시 스리나가르였다. 식당에서 주방 보조로 객지 생활을 시작한 굴랍은 북인도 끝에서 남인도 끝까지 가보지 않은 곳이 거의 없었다. 삼십 년 동안 그가 경험한 직업도 호텔 도어맨에서 식당 서빙까지 스무 가지가 넘었다.

굴랍이 맥그로드 간즈 주점에서 일하다 아이스크림 가게를 연 것은 돈도 돈이지만 아이들을 좋아해서였다. 자신의 가게로 몰려와 눈을 반짝이는 아이들을 보고 있으면 모든 근심이 사라지고 행복해진다는 거였다. 그렇지만 최근 들어 해마다 오르는 월세를 감당하는 게 여간 벅차지 않았다.

삶의 대부분을 객지에서 보낸 굴랍은 고향을 지척에 두고 다음 행선지를 고민하는 중이었다. 다시 남인도로 내려가고 싶지만 객지에서 얻은 위장병이 그를 망설이게 했다. 그렇다고 고향으로 돌아가자니 수중에 지닌 돈이 여의치 않았다. 몇 해 전 친구에게 삼백만 원을 빌려줬다가 사기를 당한 탓이었다. 만디 골짜기에 작은 집을 하나 짓고 명상수행을 하면서 여생을 보내고 싶지만 그러기엔 턱없이 부족한 돈이었다.

"굴랍, 우선 고향으로 돌아가 위장병부터 고치는 게 낫지 않겠어? 그러면서 과수댁을 하나 얻어 장가도 들고 말이지."

"빈손으로 가족을 만나자니 면목이 없어서 망설이는 중이야."

"지금처럼 가게 뒷방에서 대충 밥을 끓여먹다간 몸이 더 부실해질 거야. 빨리 방법을 찾아내도록 해야지."

"임지 말대로 양배추와 브로콜리를 자주 먹고 있으니까 곧 좋아지겠지. 아이스크림이나 하나 줄까? 돈은 받지 않을 테니까."

"그래서 자네가 이제까지 돈을 벌지 못한 거야. 사람이 비즈니스 장소와 사석을 구분할 줄도 알아야지."

"잠잘 곳에 하루 두 끼를 먹을 수 있으면 그걸로 충분한 거 아닌가?"

그는 언제나 차분하고 조용조용 말하는 사람이었다. 아이들이 한꺼번에 몰려와도 좀처럼 서두는 법이 없었다. 그런 굴랍의 모습을 보고 있으면 마음까지 훈훈해졌다. 따스하고 깊은 눈빛을 가진 그는 아무리 봐도 아이스크림 장사보다 출가 수행자가 어울리는 사람 같았다.

실제로 가게 안쪽엔 그가 존경하는 스승 가운데 한 분인 요기의 사진이 한 장 걸려 있었다. 굴랍은 저녁마다 사진 앞에 향을 피우고 기도를 올렸다. 객지에서 생활하던 중 남인도 어느 사원을 방문했다가 인연이 된 요기였다. 그는 요기의 가르침에 따라 새벽마다 명상하는 일을 거르지 않았다. 어쩌면 그 덕분에 굴랍의 눈이 예전보다 편안하고 깊어졌는지도 모를 일이었다.

"임지, 그런데 아까부터 손에 들고 있는 게 뭐지? 내 눈엔 푸성귀처럼 보이는데."

"우리 뒷집 암소가 얼마 전에 송아지를 낳았거든. 그래서 어미에게 주려고 얻어오는 길이야."

"임지도 많이 변했어. 내가 맥그로드 광장 주점에서 일할 때, 임지가 술에 취해 행패 부리던 유럽 남자 두 명을 혼내준 적이 있잖아. 그래서 나는 당신이 마피아인 줄 알았거든."

"그게 무슨 소리야? 내가 언제 그랬다는 거지?"

"십오 년쯤 전이던가?"

"아, 그건 현실이 아니고 자네가 꿈에서 보았던 일일 거야."

"뭐, 그렇다고 해두지. 임지가 좋아하는 홍차나 한 잔 끓여줄까?"

굴랍은 대답도 기다리지 않고 커튼이 가려진 부엌으로 들어갔다. 가게 안쪽에 덩그러니 놓인 간이침대를 보자 마음이 울적해졌다. 굴랍이 집을 나선 후 어느덧 삼십오 년이라는 세월이 흘렀고, 그동안 그가 제대로 된 침대에서 잠을 청한 적이 얼마나 되었겠나 싶었다. 더구나 그의 가난은 조금도 나아질 기미가 없는 상태였다.

나는 차를 마시며 침대를 가리켰다.

"간이침대가 좁아서 자주 떨어지겠는데?"

"침대란 그저 몸을 눕히는 곳이니까 그리 불편하지 않아. 아무리 호사스런 잠자리라도 마음이 편치 않으면 쓸모없는 거니까. 그저 물질에 불과한 몸보다 마음을 들여다보는 게 중요하지 않겠어?"

"아이스크림 가게에서 크게 각성한 요기 한 분이 나오겠구먼."

"안 그래도 남인도에 계신 요기께서 이제 그만 내려와 수행할 때가 되었다고 성화야. 위장병이 좀 진정되면 진지하게 고민해보려고."

"내가 인도 풍속 가운데 가장 훌륭하다고 생각하는 게 출가 전통이지. 나이가 들어 수행자가 되는 풍속은 다른 나라에선 좀처럼 찾아보기 힘든 일이거든. 그야말로 인도가 지닌 보이지 않는 문화유산이자 자산이기도 하지."

"혹시 임지도 나중에 인도에서 출가하는 게 아닌지 모르겠네."

"한국 사람인 내 친구 부친 한 분도 얼마 전에 인도에서 삶을 그렇게 마무리하셨지. 그거야말로 인간이 취할 수 있는 최고의 선택이 아니겠어? 그렇지만 나는 절반은 수행자, 절반은 저자거리에서 술 마시고 행패나 부리며 살아가는 삶이 좋다네. 그럼 내일 보세."

"잠깐만!"

굴랍은 사양하는 내 손에 기어코 아이스크림 하나를 쥐어주었다.

집으로 돌아오는데 담장 너머로 고운 노랫소리가 소리가 들려오고 있었다. 걸음을 멈추고 바라보니 오십대 초반의 아주머니 세 명이 어둠이 내려앉기 시작한 마당에서 춤을 추며 노래를 부르고 있었다. 이웃집에 사는 친구들과 저녁 한때를 즐기는 모양이었다. 아무도 보는 이 없는 흐린 불빛 아래 벌어진 소박한 향연이 그렇게 행복해보일 수 없었다. 나도 덩달아 콧노래를 부르며 길에서 주워온 푸성귀를 그 집 외양간에 던져넣었다.

다람살라의
두 작가

　밤새 비가 내리고 날씨가 쌀쌀하다 싶더니 다울라다르 산맥에 하얀 눈이 쌓였다. 해발 사천사백 미터에 달하는 다울라다르는 다람살라의 상징 같은 산이다. 트리운드 산정의 푸른 골짜기와 대비되어 그런지 하얀 눈을 뒤집어쓴 산맥은 바라보는 것만으로도 가슴이 시원했다.

　친구 수바시의 승용차를 얻어 타고 로우 다람살라로 내려가면서도 내 눈길은 자꾸 산맥으로 향했다. 인도 대륙은 지금 기록적인 폭염으로 인해 수많은 희생자가 발생 중인데 델리에서 불과 하룻밤 거리인 다울라다르엔 이렇게 종종 눈이 내렸다. 그런 자연환경 때문에 다람살라는 마날리나 잔스카르Zanskar 등지로 트래킹을 떠나는 길목으로 안성맞춤인 고장이기도 했다.

　우리는 주 정부에서 운영하는 여행자 숙소 정원에 앉아 차를 마시며 시인을 기다렸다. 바야흐로 꽃들이 흐드러지게 피어나는 봄날의 정원

이었다. 다람살라의 향토 시인이자 철학자인 피유시 굴레리Piyush Guleri
는 약속 시간이 조금 지나서 도착했다. 1940년생인 노시인은 생각보다
혈색이 좋고 건강해 보였다.

굴레리 시인의 고향은 다람살라에서 육십여 킬로미터 떨어진 굴마르
Gulmarg였다. 인도 미술사에서 캉그라 지역을 중심으로 태동해 '캉그라
미술'로 분류되는 예술학파가 활동하던 유명한 고장이기도 했다. 거기
서 유년 시절을 보낸 굴레리는 다람살라로 이주해 초등학교와 중등학
교 교사를 거쳐 대학 교수까지 역임하면서 일생을 교육과 시 창작에 바
쳤다.

우리는 인사를 나눈 다음 차를 마시며 한담을 나누었다.

"시집을 다섯 권이나 출간했다고 들었는데 어떤 계기로 시인의 삶을
살게 되셨습니까?"

"당신도 훌륭한 스승을 만나 작가가 될 수 있었듯이, 나 또한 중학교
때 그런 분을 만난 게 인연이 되었습니다. 그분은 음악가이자 무용가였
고 작가이자 시인이었으며 훌륭한 배우이기도 했습니다. 말하자면 종
합 예술가였던 분이셨지요. 특히 하모늄 연주 솜씨는 지금도 귀에 들리
는 듯 생생합니다."

나는 고개를 끄덕이며 시인의 말에 귀를 기울였다.

"저의 스승님은 현재 파키스탄에 속한 라호르 지역에서 교사로 근무
하다 다람살라로 오셨습니다. 영국 식민지에서 해방된 후 종교 갈등으
로 인도가 파키스탄과 분리되던 민족대이동의 시점이었지요. 나는 스

승님의 모든 면이 존경스러웠고, 그것이 저를 자연스럽게 시인의 길로 인도했던 것 같습니다."

"아주 어렸을 때 일인데도 스승님에 관해 여전히 많은 것을 기억하고 계시는군요."

"모든 사람이 아버지를 기억하듯 저도 스승님의 모든 걸 분명하게 기억할 수 있습니다."

굴레리 시인은 메모지에 솜나트 싱Somnath singh이라고 스승의 이름을 또박또박 적은 다음 내게 보여주었다.

"아마 그분을 만나지 못했다면 지금쯤 나는 다른 형태의 삶을 살고 있을지도 모릅니다. 여기서 다울라다르 산맥을 바라보며 당신과 차를 마시는 즐거움도 없었을 테고요. 내친 김에 다울라다르에 대한 시 한 편을 들려드릴까요?"

굴레리 시인은 찻잔을 내려놓고 힌디어로 쓴 자작시를 들려주었다. 다울라다르 산맥을 아름답고 수줍은 신부에 비유한 내용이었다. 그의 목소리는 나이에 비해 매우 성성한 편이었다.

"저도 지금은 소설과 여행기를 쓰고 있지만, 대학시절엔 시를 공부한 적이 있습니다."

"그렇다면 임지의 자작시를 한 수 감상할 수 있겠습니까?"

"마침 오랜만에 시를 한 편 써보긴 했습니다만, 좀 어색하군요."

"세상에 완전한 시는 있을 수 없다고 생각합니다. 어디 한번 들어볼까요?"

나는 잠시 망설였다. 하지만 스무 살이나 차이 나는 노시인의 부탁을 저버리는 것도 예의가 아닌 것 같았다. 나는 보름 전쯤 멀리 카레리 마을로 삼박사일 트래킹을 다녀와 메모했던 수첩 한 페이지를 보여주었다.

카레리 마을의 봄

저 오래된 사원 너머
신들의 마을이라도 숨어 있는 걸까

보면서도 믿을 수 없어라
12년 만에 다시 찾은 카레리 마을의 봄
상승기류에 몸 맡긴 함박눈처럼
온 골짜기 뒤덮으며 나풀나풀, 풀풀풀
끝없이 날아오르는 수십 만 나비 떼 군무

어느 동굴에서
이름 없는 성자라도
몸 벗어놓고 떠나는 중인 게지

조문을 가듯
나비 떼 일제히 향하는 능선으로

저녁놀처럼 붉어라

송아지 발굽만한 구라스꽃들

어설픈 번역을 듣고 있던 굴레리 시인은 내 손을 따스하게 잡아주었
다.

"내가 이해한 게 맞다면 임지에겐 이 땅의 정서가 인도 사람보다 깊이
스며들어 있군요. 외국 사람인 당신이 다람살라에 관해 그런 시를 썼다
는 사실이 믿어지지 않습니다."

"메모에 불과한 졸작을 그렇게 봐주시니 부끄럽습니다."

나는 민망해서 얼른 화제를 돌렸다.

"그런데 선생님은 마하트마 간디 시절부터 격동의 역사를 거쳐 팔십
대에 이르렀는데 현재의 삶에 만족하는 것처럼 보이는군요."

"제자들을 가르칠 때도 즐거웠지만, 제 인생을 돌아보면 시를 쓸 때
가 가장 행복했던 것 같습니다."

"그동안 다람살라에 관한 시를 많이 쓰셨다고 들었는데 대략 몇 편이
나 되는지요?"

"대략 오백여 편 됩니다. 다람살라의 자연, 그 안에서 이루어진 연인
들의 사랑, 농부들 이야기, 사회적 반향을 일으킨 크고 작은 사건들, 그
리고 캉그라 왕국에서 명멸해간 수많은 영웅들의 서사가 내 시의 주요
테마입니다. 내 딸도 시를 쓰는데 아비를 닮아 그런지 시 세계가 비슷합
니다. 우리가 살고 있는 대지와 이웃 사람들의 이야기야말로 저에겐 영

감의 중요한 모티브였습니다."

굴레리 시인은 내게 표지가 누렇게 바랜 오래된 시집 두 권을 선물로 주었다. 우리는 문학과 인도 철학과 다람살라의 풍습에 관해 많은 이야기를 나누었다. 그는 나를 집으로 초대하고 싶어 했지만, 바쁜 일정 때문에 다음을 기약할 수밖에 없었다. 나는 작별을 고한 후 잠시 걸음을 멈추고 시인의 뒷모습을 지켜보았다. 다람살라에 뿌리를 내리고 평생 시심을 일궈온 노시인의 뒷모습이 몹시 푸근해 보였다.

박수나트 사람들은 소설가 발라브 도브할Ballabh Dobhal을 친근한 애칭으로 판디지Panditji라고 불렀다. 1930년생인 그는 평생에 걸쳐 두 권의 시집과 마흔두 권의 소설집을 출간한 노작가였다. 가르왈 히말라야가 고향인 판디지는 카스트 최상층인 브라만 계급 출신이다. 판디지라는 이름 역시 브라만 계급의 남자를 부를 때 일반적으로 통용되는 호칭이기도 했다. 그는 한 해의 절반은 델리에서 지내다 무더운 날씨가 계속되는 5월부터 10월까지 육 개월 가량은 기후가 선선한 다람살라 박수나트에서 보냈다.

인도에서 점성술사로 명성을 떨친 부친은 발라브에게도 자신과 똑같은 삶을 살도록 권유했다. 그러나 어려서부터 문학서적 탐독에 심취했던 그는 부친의 소망을 거부하고 열다섯 살부터 시를 썼다. 그러다가 시를 통해 자신의 생각을 표현하는 데 한계를 느낀 그는 스무 살부터 장르를 바꿔 짧은 이야기를 쓰기 시작했다.

발라브의 문학세계는 인도 사회의 어둡고 왜곡된 부분을 날카롭게 파헤쳤던 프람찬드에게서 많은 영향을 받았다. 발라브 역시 글을 통해 사회적 병폐를 풍자하고 비판하는 일에 망설이지 않고 뛰어들었다. 작품집을 출판하는 데 어려움을 겪기도 했지만, 그는 평생 동안 사회와 종교의 기득권층에게 자신의 소신을 굽히지 않았다.

발라브는 한쪽 귀가 어두워서 큰소리로 대화를 나누어야 했다.

"제가 보기엔 판디지 역시 인도에선 기득권층에 속하는 브라만 출신 작가여서 보수적인 사회 제도나 관습을 비판하기가 쉽지 않았을 것 같습니다."

"아닙니다. 나는 사람들이 종교에 대해 다시 생각하고 사회 제도가 점차 개선되는 방향으로 바뀌는 걸 지켜보면서 그러한 신념에 확신을 더하게 되었습니다."

"그렇다면 선생님은 사회적인 주제를 많이 다룰 수밖에 없었을 것 같은데요."

"사회적 주제에만 천착한 건 아닙니다. 종교와 인간의 관계에 대해 고민하다 보니 이웃과 내가 속한 사회 문제를 다루지 않을 수 없었던 거지요. 내 글은 대부분 직접 보고 경험하고 사유한 것들에 관한 것입니다. 그래서 독자들에게 좀 더 설득력 있게 다가갈 수 있었던 것 같습니다."

발라브는 대화 도중 청소년 시절에 겪은 이야기 한 토막을 풀어놓았다. 다람살라로 이주하기 전에 살았던 가르왈 히말라야 지역에서 일어난 일이었다. 대가족이 모여 살던 그의 집엔 어려서부터 형제처럼 따르던 몇 살 연배의 하인이 있었다.

그런데 그 하인이 결혼한 지 얼마 지나지 않아 아내가 시름시름 앓기 시작했다. 발라브는 그녀를 위해 유명한 병원을 찾아다니며 최선을 다 했지만 병세는 좀처럼 나아지지 않았다. 발라브 가족은 마지막 수단으로 시바 신을 모신 사원으로 찾아갔다.

그들은 병을 낫게 해달라고 무려 열흘 동안 신에게 푸자Puja를 올렸다. 인도에서 그렇게 오랫동안 푸자를 올리는 건 흔치 않은 일이었다. 발라브 역시 가족들과 푸자에 참여해 간절한 기도를 올렸지만 그녀는 시름시름 앓다 세상을 떠나고 말았다.

당시 발라브는 열여섯 살 소년이었다. 인생에서 첫 번째 좌절이자 고통을 경험한 그는 아무런 잘못도 없는 하인과 그 아내를 갈라놓은 시바 신의 처사를 이해할 수 없었다. 며칠 후 발라브는 화가 나서 푸자를 올렸던 사원으로 찾아갔다. 그는 시바 신 곁에 모셔져 있던 파르바티 여신상을 다른 골짜기로 옮겨버렸다. 시바 신도 아내와 헤어지는 슬픔이 어떤 것인지 경험해보라는 의도였다.

그러자 보수적인 마을 사람들이 신성을 모독했다는 이유로 불같이 들고 일어났다. 파괴의 신 시바의 저주가 두려웠던 주민들은 마을 전체에 해가 미칠까봐 전전긍긍했다. 사람들은 발라브에게도 엄청난 재앙이 불어 닥칠 것이라고 악담을 퍼부었다. 1940년대에 히말라야 산중에서 일어난 사건이니 주민들의 처사는 충분히 수긍할 만한 일이었다.

"판디지, 오늘날의 인도 사회에서도 상상하기 힘든 위험한 일을 저지

르셨군요. 겨우 십대의 나이였는데 신에 대한 두려움 같은 건 없었나요?"

"물론 두려움이 전혀 없었던 건 아닙니다. 그렇지만 당시 나는 시바 신의 처사를 도저히 묵과할 수 없었습니다."

"다른 방법도 있었을 텐데요?"

"나는 힌두교를 반대하거나 신에게 저항했던 건 아닙니다. 그저 시바 신에게 똑같은 경험과 고통을 안겨줌으로써 아내와 사별하는 일이 어떤 건지 느끼게 해주고 싶었던 것입니다. 그리고 우리가 믿는 신의 실체에 관해 사람들이 보다 정확하게 이해해야 된다고 생각했습니다."

"정말 대단한 배짱이었군요. 그 후 주민들의 소요는 어떻게 진정되었습니까?"

"당연한 귀결이지만, 나는 지금까지 꿋꿋하게 살아 있습니다. 내게 불행이 닥쳐오기는커녕 아무런 일도 일어나지 않았지요. 시간이 흐르면서 사람들의 분노가 서서히 가라앉았고, 두려움의 대상이던 신에 대해서도 좀 더 유연한 태도를 갖기 시작했습니다."

"선생님은 혹시 시바 신의 존재를 믿지 않으시는 겁니까?"

"나는 신의 존재를 믿습니다. 다만 사원에 모셔진 돌과 그 위에 입혀진 옷가지들이 신의 실체가 아니라는 걸 확신할 뿐입니다. 날마다 신이라고 믿는 상징물에게 우유를 붓고 목욕을 시키지만, 거기엔 어떠한 신성도 존재하지 않으며, 그건 타협할 수 없는 내 신념이기도 합니다."

"그런 사고방식은 선생님이 속한 브라만 계급에게 심각한 도전으로 받아들여졌을 텐데요."

"여자는 아들을 낳고 아이는 자라면 아버지가 됩니다. 그러나 여자는 아버지 없이 태어날 수가 없습니다. 그것이 인간들의 삶입니다. 인간이 태어나고 죽는 건 신이 아니라 자연의 법칙에 의한 것임을 분명히 알아야 합니다. 진정한 신과 신성은 사원의 상징물이 아니라 우리 가슴 안에 존재합니다. 그러므로 인간은 누구나 신성을 지닌 존재라고 말할 수 있습니다. 우리가 신이라고 생각하는 상징물에게 아무리 질문하고 부탁해보았자 어떤 일도 일어나지 않습니다. 그들이 믿고 있는 신은 그런 일을 하지 않습니다. 따라서 인간은 자기 자신과 이웃을 위해 스스로 신성을 갖출 수 있도록 끝없이 노력하고 정진해야 합니다. 훌륭한 인간은 누구나 붓다처럼 자신의 노력으로 신성을 갖출 수 있습니다."

"선생님의 말씀을 들으니 작품세계를 어느 정도 짐작할 수 있을 것 같습니다."

나는 발라브에게 진한 애정을 느꼈다. 그는 깊은 사유와 평화로운 저항을 선택한 작가였다.

"그동안 다람살라에 관한 이야기도 많이 쓰셨을 텐데요?"

"물론입니다. 최근에 '티베트의 딸'이라는 제목으로 일간지에 글을 연재한 후 단행본으로 출간한 일도 있습니다."

"어떤 내용이었습니까?"

"티베트 사람들이 어떻게 다람살라까지 오게 되었고, 얼마나 어렵게 살고 있는가에 대한 이야기입니다. 물론 그들의 언어, 음악, 예술 등 문화적인 내용들도 포함되어 있지요. 티베트 탄트릭 요기에 대한 글도 쓴

적이 있고, 다람살라 가디족의 풍속에 관한 얘기도 많이 다룬 것 같습니다. 나는 젊은 시절, 시바 신을 모신 박수나그 사원에서 거의 날마다 많은 시간을 보냈는데 다람살라 이야기의 원형은 대부분 거기서 생성되고 다듬어진 것들입니다."

"그동안 남녀 간의 사랑 문제도 다루셨을 텐데요. 선생님께서는 인도의 전통적인 여인상을 어떻게 정의하시는지요?"

발라브는 잠시 생각에 잠겼다가 짧은 에피소드 하나를 예로 들었다.

"인도 여인들의 성향은 대단히 보수적입니다. 이를테면 남편은 도시로 일하러 나가고 아내 혼자 시골에서 아이를 키우며 사는 부부가 있다고 합시다. 어느 날 도시에서 한 남자가 찾아와 남편의 소식을 전해주고 돌아섭니다. 아내는 그 남자를 쫓아가 집에 돈이 떨어진 지 오래이며 자신이 현재 얼마나 힘들고 외로운 상황에 있는지 모두 얘기한 다음 빨리 돌아오라는 말을 전해달라고 부탁합니다. 반드시 그렇게 하겠노라는 약속을 받아낸 아내는 잠시 후 저만치 가고 있는 남자를 다시 불러 세웁니다. 그리고 기어이 약속 한 가지를 더 받아냅니다. 그것은 바로 '이제까지 내게 들은 얘기를 절대 남편에게 하지 말아 달'라는 것이지요. 인도 여인들이 생각하는 미덕이 어떤 것인지 짐작이 가십니까?"

"두고두고 음미해볼 만한 얘기로군요."

그동안 맥주 두 잔을 마신 발라브는 연세 때문인지 다소 피곤해 보였다.

"한 가지만 더 여쭙겠습니다. 십대 시절에 사원을 찾아가 시바 신과 파르바티 여신을 떨어뜨려 놓았던 얘기가 상당히 인상적인데요. 어느덧 인생을 달관한 연세에 이르셨는데, 선생님께서 지금 똑같은 상황에 놓였다면 어떻게 대응하실지 궁금합니다."

"당연히 같은 행동을 했을 겁니다. 세상에 인간의 삶보다 중요한 건 없으며 그건 내 신념이기도 합니다. 내겐 태양도 신이고 달도 신입니다. 그건 인간에게 선물과도 같은 것입니다. 나는 신을 믿지 않는다고 말할 수 없지만, 그리고 시바 신을 내면 깊은 곳으로부터 존경하지만, 사원에 모셔놓은 돌이 신의 존재를 대신할 수는 없습니다. 다시 말하지만 신성은 신의 형상을 한 돌이 아닌 우리의 가슴에 존재하는 것이기 때문입니다."

나는 발라브의 팔을 부축하고 집까지 모셔다드렸다. 한때 서슴지 않고 신과 대적했던 장골의 노작가는 세월 탓에 힘이 빠졌는지 몸이 가벼웠다. 판디지는 문간에서 내게 자주 놀러오라고 말했다. 나는 판디지의 작품 몇 편을 꼭 읽어보고 싶어졌다.

차밭의
정담

오랜만에 휴일을 맞은 수바시 네흐리아는 내게 로우 다람살라의 차
밭을 보여주고 싶어 했다. 다람살라 시장을 두 번이나 지낸 그는 지난
선거에서 고배를 마신 후 재기를 모색하는 중이었다. 그래서인지 아침
에 출근하면 사무실에서 몇 가지 서류를 검토하곤 주로 밖에 머무는 시
간이 많았다. 인간적이고 사려 깊게 일을 처리하는 그에게 지역 주민들
은 여전히 민원을 가져왔다.

다람살라 특산품을 생산하는 차밭은 잘 꾸며진 거대한 정원을 연상
케 했다. 완만한 구릉을 따라 끝이 보이지 않을 정도로 넓게 펼쳐진 차
밭에서 인도 사람들이 사진을 촬영하고 있었다. 우리는 천천히 차밭을
둘러보며 대화를 나누었다.

"자넨 내 오랜 친구이기도 하지만 오늘은 정치가인 수바시에게 몇 가
지 묻겠네. 외국 여행자들이 다람살라를 찾는 이유는 크게 달라이 라마

를 비롯한 티베트 문화에 대한 관심, 아름다운 자연과 시원한 기후, 훌륭한 트래킹 코스 때문이라고 보네. 최근에 와서 외국인들이 전보다 많이 줄어든 것 같은데 그 이유가 어디에 있다고 보는가?"

"인도 경제가 발전하면서 여가를 즐기는 우리나라 여행자가 많아진 게 가장 큰 원인이라고 생각하네. 특히 다람살라 여행자의 구십 퍼센트를 흡수하는 맥그로드 간즈와 박수나트의 교통체증이 가장 큰 복병이지. 여긴 산중도시여서 더 이상 도로를 확장하기 어려운 실정인데 자동차와 호텔은 엄청난 속도로 불어나고 있지 않은가. 한적한 자연을 즐기러 온 외국인 여행자에게 이런 소란함이 치명적으로 작용하는 게 아닐까?"

"그 문제에 대한 대안은 가지고 계신가?"

"나도 한동안 고민하다 얼마 전 경찰서를 찾아가 체증 구간에 교통경찰을 배치해달라고 요청했네."

"그건 근본적인 해결책이 아니라고 보는데 다른 방법은 없는가?"

"장차 로우 다람살라에 대형 주차장을 만드는 게 어떨까 고민하는 중이라네. 외지에서 온 차량의 진입을 조절하고 현지 차량의 운행만 허가하는 거지. 그렇게 하면 교통체증이 줄고 지역 주민의 수입도 늘어나지 않겠는가. 다만 그에 따른 반발과 부작용도 있을 텐데 그걸 예측하고 대비하는 게 쉽지 않네."

"인도 운전자들이 습관처럼 울려대는 경적에 대해선 어떻게 생각하는가? 나 역시 길을 걷다 자동차나 오토바이 경적에 놀라 스트레스를 받은 적이 한두 번이 아니라서 묻는 거네."

"그건 부주의한 보행자에게도 원인이 있네만, 운전자들이 경적을 자제하도록 현수막을 내걸고 캠페인을 벌이는 것도 방법이라고 생각하네."

역시 수바시는 매사에 여간 치밀한 성격이 아니었다. 그는 예측과 대비라는 말을 사용함으로써 내 우려를 말끔하게 지워버렸다. 십여 년 전, 나는 다람살라 골짜기의 플라스틱 쓰레기가 순식간에 사라지는 걸 목격한 적이 있다. 상점에서 플라스틱 봉투 대신 종이 봉투나 섬유로 된 시장 가방을 사용하도록 조례를 바꾼 게 결정적이었다. 그와 더불어 강력한 단속을 실시하자 한 달 만에 다람살라 일대가 기적처럼 깨끗해졌다.

요즘에는 외부에서 어쩔 수 없이 유입되는 과자 봉지를 제외하면 플라스틱 종류를 구경하는 것조차 힘들어졌다. 초등학교 담벼락에도 쓰레기가 자연 상태에서 소멸되는데 얼마나 오랜 시간이 필요한지 계몽하는 그림이 그려져 있을 정도였다. 그러다 보니 다람살라에선 플라스틱 봉투가 개발되기 이전의 소비문화가 어렵지 않게 정착되었다. 매우 단순한 일처럼 보일 수 있지만, 하나의 정치적 결정이 자연환경과 인간의 삶에 미치는 영향은 이처럼 효과적이었다.

"수바시, 지금 박수나트에서 다람콧 마을까지 새로운 도로를 만들고 있던데 그러다가 외국인 여행자가 절반 이하로 줄어들지 않을까 걱정이야. 그들 대부분이 자연친화적인 다람살라를 찾아온 것이지 번잡한 관광지를 찾아온 사람들이 아닌 것 같아서 하는 말이네."

"당장 눈앞의 이익이나 편리함을 원하는 사람들을 상대로 미래 가치에 대한 고민을 공유하는 게 나의 과제라네. 임지가 상황을 정확히 읽었네만, 환경을 보존하기 위해 지역 주민들을 설득하는 게 여간 어려운 일이 아니야. 다람살라가 휴양지로서 명성을 유지하려면 외국 여행자와 인도 여행자의 적절한 균형이 필요하다고 보네."

"그래서 말인데 '슬로우 시티, 다람살라'를 테마로 접근하는 건 어떻겠는가?"

나는 차밭을 걸으며 수바시에게 한국의 청산도와 독일의 프라이부르크 등 친환경적인 도시들의 사례를 설명해주었다. 그 개념을 금세 이해한 수바시의 얼굴로 미소가 스쳐갔다.

"자네가 유기농과 환경보호 및 걷기명상을 장려하는 등 인도에서 다람살라를 '슬로우 명상 시티'로 만드는 데 성공한다면 그보다 멋진 정책이 어디 있겠나. 다행히 다람살라의 자연환경이 그런 조건에 완벽하게 부합되니 말이네."

"그거 정말 즐거운 아이디어로군. 내 정치적 목표보다 다람살라의 비전을 위해 한번 검토해보겠네."

"숲속으로 산중마을을 연결하는 다양한 걷기명상 코스를 개발하고 각자 이름을 부여하는 것도 연구해보시게."

역시 수바시의 감각은 남다른 데가 있었다. 이제 팔순이 넘은 달라이라마 입적에 대비한 다람살라의 위상 변화도 냉정하게 분석하는 중이었다. 그동안 이 고장으로 외지인을 끌어들이는데 큰 역할을 담당하던 동력 하나가 사라지기 때문이었다. 따라서 다람살라를 슬로우 명상 시티로 만들 수 있다면 그보다 훌륭한 대안도 없을 것 같았다.

"그건 그렇고, 오랜 친구인 자네에게 본격적으로 한 가지 제안하고 싶은 게 있네. 다람살라를 다시 찾은 김에 자네랑 장학재단을 만들어 뜻 있는 일을 하고 싶은데 어떻게 생각하는가? 사실은 오래전부터 생각한 일이라네."

"한번 말씀해보시게."

수바시는 눈을 반짝이며 귀를 기울였다. 유년시절, 할머니로부터 집안을 일으켜 세우고 세상을 밝게 비출 보름달 같은 존재가 될 거라고 기대를 한 몸에 받던 눈빛이었다.

나는 우선 교육의 중요성을 설명했다. 교육이 아이들의 미래를 바꾸고, 다람살라의 미래를 바꾸고, 나아가 인도의 미래를 바꾸게 될 거라는 요지의 얘기였다.

"원래 다람살라는 양을 치던 가디족의 땅이 아니던가. 매년 집안 형편이 어렵지만 총명한 아이들을 선발해 초등학교에 입학할 때 어린 양을 두 마리씩 나눠주는 거지. 양이 해마다 새끼를 낳으면 그 숫자가 점점 불어나지 않겠는가. 그걸 팔아 상급학교나 대학에 진학할 수 있다면 아이들의 미래 또한 조금은 밝아질 거라고 확신하네. 다람살라는 원래 가디족의 땅이니 이곳 전통과 어울리는 데다 겨우 양 두 마리가 아이들의 미래를 변화시킬 수 있으니 얼마나 즐거운 일인가?"

"아주 흥미로운 아이디어로군."

"나중에 후원자가 늘면 분교에 도서와 컴퓨터를 기증하는 일도 가능할 거야. 물론 인도 학생만 돕는 게 아니라 다람살라로 망명한 티베트 어린이들까지 포함해서."

나는 그동안 생각하고 있던 다른 계획도 털어놓았다. 훗날 어느 정도 자본이 축적되면 재단 이름으로 부지를 마련해 소규모의 탱화교육 시설을 만드는 일이었다. 맥그로드 간즈에서 방황하는 티베트 청소년들이 탱화를 공부한 다음 나왕처럼 자신의 삶을 스스로 개척하길 바라는 마음에서였다. 같은 공간에서 티베트 카페와 탱화 갤러리를 운영하는 등 수익사업을 병행한다면 훗날 후원자의 도움이 줄어도 자급자족이 가능할 것이라 여겨졌다.

사실 나는 밑 빠진 독에 물 붓는 형태로 끝없이 지원하는 방식의 자선 활동을 선호하지 않는 편이었다. 그것도 나름대로 유익한 일일 테지만, 보다 중요한 건 일정한 시점부터 자체적으로 운영이 가능하도록 철저히 계획하는 일이었다. 그래야만 후원자에게 의지하지 않고도 수익을 창출해 진정한 자립을 이루는 데 도움이 되리라 여겼다. 현재 맥그로드 간즈에서 성업 중인 룽타 레스토랑이 그와 유사한 사례 가운데 하나였다.

"임지, 조만간에 홈페이지도 만들고 슬로우 명상 시티와 장학재단 작업을 시작해보겠네. 그런데 임지는 어떤 계기로 그런 생각을 하게 되었는가?"

"자네도 알다시피 내가 삼십 년 가까이 길에서 길로 쏘다니는 인생을 살지 않았는가. 언제부턴가 그저 여행만 지속하는 삶이 좀 지루하더라고. 그래서 내가 오래 머물던 고장에 뭔가 소박하지만 의미 있는 일을 남기고 싶어졌다네."

어느덧 하루가 다시 저물고 있었다. 우리는 차밭을 벗어나 재래시장으로 향했다. 수바시는 망고를 오 킬로그램이나 샀다. 그는 큼직한 망고 두 개를 골라 나중에 먹으라고 내 배낭에 넣어주었다.

얼마 후 수바시의 차를 타고 그의 본가에 도착하자 마당에서 요가를 하고 있던 아쇼카와 아우들이 반가운 얼굴로 맞아주었다. 내가 어머니를 뵙기 위해 방문한다는 소식을 듣고 서둘러 귀가한 모양이었다. 그들은 결혼하고 가정을 이룬 뒤에도 어머니를 모시고 한 집에 다 같이 살고 있었다.

그들과 인사를 마치고 정원에서 바라보는 다울라다르 설산 풍경이 새삼스럽게 아름다웠다.

"어머님께 인사부터 드려야겠네. 지금 어디에 계신가?"

"부엌에 계실 거야. 나랑 가보세."

나는 밀랍을 따라 예전에도 몇 차례 드나들었던 안채 부엌으로 들어섰다. 전통적인 방식으로 만들어진 부엌 바닥에 부드러운 카펫이 깔려 있었다. 팔순의 어머니가 화덕에 밀가루 빵인 짜파티를 굽다가 따스하게 맞아주셨다.

나는 한국식으로 바닥에 엎드려 큰절을 올렸다.

"아니, 어머님은 며느리가 넷이나 있으면서 직접 요리를 만들고 계셨어요? 이젠 연세도 생각하셔야지요."

"오랜만에 아들 친구가 멀리서 찾아왔는데 어찌 며느리에게만 맡길 수 있겠어? 손맛은 예전 같지 않지만, 직접 만들어 대접해야지. 그래도 중요한 건 며느리들이 도와줘서 조금도 힘들지 않아."

어머니의 말씀을 들으니 괜스레 가슴이 시큰거렸다.

밀랍 형제들이 다람살라 사람들에게 존경받는 것도 부모님의 영향이 크게 작용했을 거라는 생각이 들었다. 더구나 부엌에서부터 은연중에 저런 교육을 받으며 자랐으니 그들이 사람을 귀하게 대하지 않을 수 없었으리라. 그들에게 부엌은 음식을 요리하고 먹는 곳만이 아니라 일종의 교실이기도 했던 셈이다.

실제로 그런 가정교육 때문인지 나는 아쇼카네 형제가 사람들과 언쟁하는 걸 한 번도 보지 못했다. 호텔이나 식당 종업원은 물론 스무 명이 넘는 트래킹 가이드가 어쩌다 실수를 해도 화내기는커녕 언성조차 높이는 법이 없었다.

얼마 전 카레리 마을로 밀랍과 트래킹을 가서 본 장면도 마찬가지였다. 호텔 식당에서 파견 나온 요리사 가운데 하나가 몰래 술을 마셨는지 대낮부터 취해 있었다. 그는 밀랍의 눈을 피해 계곡 건너편 너럭바위에 아무렇게나 잠들어 있었다. 나도 평소에 눈여겨보던 유순하기 짝이 없는 사람이었다. 다만 술이 과해 간혹 사고를 치는 편이었는데, 마침 야영지에서 그런 일이 또 벌어진 것이었다.

사태를 파악한 밀랍은 계곡을 건너가 널브러진 요리사를 한동안 내려다보았다. 나는 밀랍이 그 상황을 어떻게 처리하는지 거리를 두고 지켜보았다. 얼마 후 밀랍은 숲으로 사라졌다가 텐트에서 손수 매트리스를 가져온 다음 그를 깨웠다. 차가운 바위에서 잠자다 감기라도 걸릴까봐 걱정스러웠던 모양이었다. 이어 밀랍은 요리사가 마을에서 몰래 사온 밀주를 찾아내 어딘가에 감춰버렸다.

내가 경험한 바에 의하면 대낮부터 술에 취한 종업원에게 그처럼 관대한 사람은 많지 않았다. 이웃 사람들에게 관대하기는 다른 형제들도 마찬가지였다. 바로 그런 면들이 내가 밀랍 형제들을 좋아하는 이유 가운데 하나였다.

어머니는 저녁을 먹는 내내 곁에서 우리를 지켜보고 계셨다.

"인도에서 어머님처럼 행복한 사람은 드물 거예요."

"그건 왜지?"

"같은 집에서 아들 모두를 품에 넣고 사시니까요."

어머니는 수긍하듯 고개를 끄덕이셨다. 나는 오랜만에 정성이 담긴 가정식 요리를 즐겼다. 예전에도 그랬지만 여기서 저녁을 먹고 있노라면 마치 긴 여행을 마치고 집에 돌아온 느낌이 들곤 했다. 어머니는 우리가 일어난 다음에야 며느리들과 늦은 저녁을 드실 모양이었다.

밤하늘로 점점이 별들이 나타나고 있었다. 정원에서 담소를 나누다 돌아갈 채비를 하자 아쇼카가 자고 가라며 팔을 잡아끌었다. 내가 고집을 피우자 어머니께서 얼른 무언가를 들고 나오셨다. 언제 준비했는지 물레로 짠 커다란 숄이었다.

"해가 떨어지면 아직은 날씨가 쌀쌀하니 이걸 두르고 다녀야 해."

"어머님은 제가 올 때마다 늘 뭔가를 내주시네요."

"가끔 밑반찬이라도 만들어서 보내줄까?"

"어머님은 이미 가장 귀한 걸 제게 주셨어요."

"그게 뭔데?"

"어머님의 아들 넷이 전부 제 친구가 되었잖아요. 세상에 어머님이 계시지 않았다면 제가 어떻게 이런 친구들을 묶음으로 만날 수 있었겠어요?"

그것은 진심이었다. 나는 인사를 드리고 어둠이 내린 산길을 한참 걸어 박수나트로 돌아왔다. 어머니는 그 뒤로도 밀랍을 통해 집에서 만든 귀한 반찬을 종종 보내주곤 하셨다. 한 번도 면전에서 대놓고 얘기하지 않았지만, 그녀는 내게 인도의 어머니 같은 존재였다. 오래전부터 나는 그렇게 생각했고, 그녀 또한 그것을 마음으로 알고 계신 것 같았다. 세상에 사람보다 귀한 것이 또 있을까 싶었다.

아주
오래된
사원

맥그로드 간즈에서 나디 방향으로 가는 도로가 티베트 사람들로 인해 축제처럼 붐비고 있었다. 자동차와 오토바이에 삼삼오오 무리지어 걸어가는 사람들까지 뒤섞인 행렬은 꼬리를 물고 계속 이어졌다. 깔끔하게 차려입은 사람들의 표정은 한껏 들떠 있었다. 티베트 어린이 난민 학교 운동장에서 청년들의 축구 경기가 열리기 때문이었다. 이번 축구 경기는 달라이 라마의 법문과 더불어 다람살라에서 벌어지는 티베트 사람들의 즐거운 행사 가운데 하나였다.

올해엔 인도의 몇 군데 도시들과 미국, 유럽, 캐나다, 네팔 등에서 티베트 청년들로 구성된 삼십오 개의 아마추어 축구클럽이 토너먼트에 참가했다. 예년과 달리 다른 대륙에서까지 참가하는 등 축구 클럽이 두 배로 늘어난 탓에 그들은 11일 동안 치열한 예선전을 거쳐야 했다. 그

결과 네팔 포카라와 남인도 케랄라에서 참가한 팀이 살아남아 결승전을 치르게 된 것이다.

운동장은 이미 삼천여 명에 달하는 티베트 군중들로 만원이었다. 그들은 스탠드 좌석이 모자란 탓에 산비탈까지 빼곡히 자리를 채우고 있었다. 자주색 승복을 입은 승려들까지 관중석 곳곳에 자리하고 있어서 축제의 분위기는 더욱 남달랐다. 이곳저곳에 흩어져 사는 난민들의 단합과 결속력을 다지고 연대감을 형성하는 데 축구 경기가 톡톡히 한몫을 담당하는 것 같았다.

결승전에 앞서 새로 취임한 롭상 상가이 총리가 행사장에 등장하자 관중석에서 일시에 환호성이 터져 나왔다. 연로한 몸으로 외유 중인 달라이 라마를 대신해 정치적 소임을 떠맡은 총리가 서서히 티베트의 지도자로서 신망을 얻어가는 모양이었다. 나는 축사를 마치고 돌아오는 총리 얼굴을 카메라에 담으며 결승전이 열리기를 기다렸다.

축구 경기는 박빙으로 펼쳐졌다. 관중들은 거친 파울이 나올 때마다 팀을 가리지 않고 야유를 보냈다. 치열한 승부 끝에 남인도 케랄라 클럽이 삼 대 일로 승리했지만 관중석의 반응으로 보아 두 팀 모두 승자인 경기였다. 스포츠 행사여서 그런지 '자유 티베트'를 외치는 정치적 구호는 어디에서도 들려오지 않았다.

나는 밀랍과 시상식 장면을 지켜보다 조용히 관중석을 빠져나와 다람콧 마을로 이어진 숲길로 접어들었다. 사람들의 발길이 아주 뜸한 산길이었다. 얼마쯤 걷자 오래된 수목들이 뿜어내는 향기가 상쾌하게 코

끝을 찔러왔다. 다울라다르 산맥의 뛰어난 경관을 조망할 수 있는 나디에서 다람콧 마을까지 연결된 숲길은 걷기명상 코스로 더 이상 완벽할수 없었다.

실제로 숲속 여기저기서 수많은 룽타가 펄럭이고 있었다. 티베트 승려들이 근처에 토굴을 짓고 수행 중에 있으니 조용히 해달라는 표식이었다. 달라이 라마의 스승 가운데 한 분을 모신 불탑 주변을 둘러보자스무 개가 넘는 오두막 형식의 토굴이 곳곳에 자리하고 있었다. 바깥출입을 자제하면서 오직 독거수행에 정진하기 위해 고적한 숲으로 찾아든 티베트 승려들이었다.

밀랍의 설명에 의하면 티베트 사람들은 보릿가루, 야채, 과일 등 먹을거리를 사들고 토굴로 찾아와 스님들에게 보시를 베푼다고 했다. 승려들이 수행에만 정진할 수 있도록 일종의 후견인 역할을 하는 셈이었다. 인도 정부 역시 국유지에 무허가로 들어선 토굴에 대해 관대한 태도를 취했다. 일반인들이 그런 행위를 할 경우 바로 철거되지만 출가 수행자에겐국적을 떠나 스스로 토굴을 떠날 때까지 주거를 보장해주는 것이다.

나는 만트라를 외며 불탑을 돌고 있는 나이 지긋한 승려를 지켜보다더 깊은 숲으로 향했다. 바람에 나뭇가지만 흔들리고 있을 뿐 토굴 주변은 물속처럼 고요했다. 이곳에 토굴을 하나 짓고 번잡한 일상에서 벗어나 서너 해 머물고 싶을 정도로 마음이 끌리는 장소였다.

마침 싱그러운 향기를 뿜어내는 커다란 나무 아래로 평평한 바위 하나가 눈에 들어왔다. 나는 바위에 앉아 오랜만에 가부좌를 틀었다. 이대로 십 년쯤 시간이 흘러가도 아깝지 않을 것 같은 생각이 들었다.

　나는 축구 경기 관람을 마치고 오랜만에 다시 박수나그 사원을 찾았다. 박수 폭포로 가는 길목에 위치한 박수나그 사원은 다람살라에서 가장 인파가 붐비는 장소 가운데 하나였다. 야외수영장에서 물놀이를 즐기거나 폭포에 다녀오는 사람들이 한데 뒤엉켜 사원 앞은 늘 장마당처럼 시끌벅적했다.

　기록에 의하면 박수나그 사원은 오천 년 전에 세워졌다고 알려져 있다. 내가 믿을 수 없다는 표정을 짓자 이곳 토박이인 밀랍은 다람살라의 원래 이름이 박수였다는 새로운 사실까지 알려주었다. 다람살라에서 박수 사원이 차지하는 중요성을 지명과 관련해 유추해보라는 뜻이었다.

　우리는 사원 입구에 신발을 보관하고 종을 쳤다. 순례자가 방문한 사실을 시바 신에게 알리기 위한 일종의 종교 의식이었다. 대리석으로 된 계단을 올라가자 사제에게 축복을 받으러 온 사람들이 길게 행렬을 이루고 있었다. 사원 내부엔 시바 신을 상징하는 남근 형태의 링감Lingam이 여성의 성기를 상징하는 요니Yoni 위에 세워진 모습으로 모셔져 있었다. 링감과 요니의 순일한 결합을 통해 절대적 완전체를 상징하기 위함이었다.

　브라흐마가 우주를 창조하는 신이고 비슈누가 우주를 유지하는 신이라면, 시바는 새로운 우주 창조를 위한 파괴 혹은 소멸을 상징하는 신이다. 따라서 죽음은 끝이 아니라 다른 형태로 가는 재탄생을 위한 필연적 과정일 뿐이다. 인도 사람들이 윤회사상을 믿는 것도 이와 무관하지 않다.

 일반적으로 사원에 모셔진 시바 신은 호랑이 가죽으로 만든 옷을 걸치고 목에 뱀을 두른 형태로 묘사된다. 그리고 네 개의 손은 각각 도끼와 영양 등을 움켜쥔 채 자비와 보호를 상징하는 손바닥 형태를 취하고 있다. 때로는 지역에 따라 작은북, 삼지창, 올가미를 들고 있는 형태로 묘사되기도 한다. 그런 모습 때문에 인도 사람들은 시바 신을 머리에 반달을 쓴 자, 죽음을 정복한 자, 머리에서 갠지스 강이 흘러내리는 자, 벌거벗은 자, 세 개의 눈을 가진 자라는 별칭으로 부르기도 한다.

 "밀랍, 이 사원이 아무리 오래전에 지어졌다 해도 오천 년이나 지났다는 건 믿어지지 않는데?"

 "나는 어려서부터 인도 서사시인 라마야나와 마하바라타 이야기를 들으며 자란 사람이기 때문에 이런 사실을 받아들이는 게 어렵지 않아. 그러나 임지처럼 다른 문화권에서 살던 사람들은 그게 쉽지 않겠지. 내가 박수나그 사원이 세워지게 된 배경을 얘기해줄까?"

 밀랍은 대리석이 깔린 사원의 모퉁이에 앉아 얘기를 시작했다.

 오천 년 전, 인도 라자스탄 지역의 왕 박수Bhagsu는 몇 년째 계속된 가뭄으로 백성들이 고통을 호소하자 물을 찾아 다람살라까지 오게 되었다. 그는 천신만고 끝에 히말라야 산자락인 다울라다르에서 거대한 호수를 발견했다. 그것은 성스러운 뱀의 신을 지칭하며, 오늘날에도 같은 자리에서 같은 이름으로 불리는 나그Nag 호수였다. 라자스탄 사막의 백성들에게 반드시 물을 가지고 돌아오겠다고 약속한 박수 왕은 뛸 듯이

기뻤다. 그는 왕국에서 가져온 특별한 그릇에 호수의 물을 전부 담은 뒤 그곳을 떠났다.

한편 뱀의 신 나그는 호숫가를 지나다 물이 전부 사라진 걸 보고 충격을 받았다. 얼마 후 그는 사태의 전말을 눈치 채고 자신의 물을 훔쳐간 박수 왕을 뒤쫓았다. 현재의 박수나그 사원 자리에서 마주친 박수 왕과 나그 신 사이에 곧 커다란 싸움이 벌어졌다. 와중에 물그릇이 땅에 떨어져 엎어지자 그 자리에서 엄청난 양의 물이 솟아올랐다.

박수 왕은 뱀들의 신인 나그의 적수가 되지 못했다. 얼마 후 크게 다쳐 죽어가는 박수 왕을 향해 나그가 꾸짖듯이 물었다.

"그대는 어찌하여 주인의 허락도 구하지 않고 남의 물을 몰래 훔쳤는가?"

박수 왕은 자신의 잘못을 사죄하며 자초지종을 설명해주었다. 나그는 가뭄으로 죽어가는 백성을 위해 먼 길을 달려온 왕의 정성에 감복했다. 그래서 죽어가는 왕에게 한 가지 약속을 해주었다. 후일 물이 솟아나는 자리에 사원이 세워질 것인데, 자신보다 왕의 이름을 앞세워 박수나그 사원으로 불리게 될 것이며 사람들이 누구보다 백성을 사랑한 박수 왕을 영원히 기억하게 될 거라는 약속이었다.

얼마 후 이 지역을 다스리던 다람찬드Dharamchand 왕의 꿈에 시바 신이 나타났다. 시바는 왕에게 사원을 짓고 그 이름을 박수나그로 부르라고 명했다. 그리하여 시바 신을 모신 박수나그 사원이 지어졌는데, 지금으로부터 오천백 년 전의 일이었다.

"임지, 트리운드 너머 다울라다르에 실제로 나그 호수가 존재하고 있어. 이 신화를 믿을 수 있겠어?"

"어느 날 지각변동으로 여기서 어마어마한 양의 지하수가 터져 나오자 사제 계급인 브라만들이 후세에 지어낸 얘기가 아닐까? 말하자면 물이 먼저 솟아나고 신화는 나중에 만들어진 거지."

"우리 인도 사람들에게 신화와 역사적 사실은 크게 중요하지 않아. 나 역시 어느 정도는 사실을 기반으로 전해져 오는 신화라고 생각하지. 그게 신화 속에서 태어나고 자란 힌두교인들의 보편적인 정서거든."

그래서 인도 사람들이 신을 닮아가는 것인지도 모른다는 생각이 들었다. 자체 기술로 인공위성을 띄우고 핵무기를 보유한 지 수십 년이 지났으면서 여전히 신화 속에서 살아가는 사람들의 나라가 인도였다. 어쩌면 모태신화母胎神話처럼 양손에 신들의 이야기를 한 타래씩 쥐고 태어나는 인도 사람들 또한 신화의 일부가 아닐 수 없었다.

우리는 박수 왕과 나그 신의 싸움이 벌어졌던 사원 앞 야외수영장에서 물놀이에 여념이 없는 인도 사람들을 바라보았다. 저들이 잠시 몸을 바꾸어 히말라야 골짜기로 내려온 하누만, 락시미, 두르가, 크리슈나 신들의 현현이 아니라고 누가 단언할 수 있을 것인가. 그렇다면 사람을 신성한 사원에 비유하는 인도 사람들의 화법은 매우 적절한 것이었다.

이튿날 오후, 나는 갈루 데비 사원을 방문했다 돌아오는 길에 자연토굴을 하나 발견했다. 우거진 덤불과 바위 사이로 사람이 드나든 흔적이 보여 안으로 들어가자 숲에 둘러싸인 열 평쯤의 잔디밭이 나왔고, 그 뒤 커다란 바위 밑으로 두세 명이 지낼 만한 공간이 나타났다. 평소 자주 다니던 길이었지만 감쪽같이 숨겨져 있어 미처 눈치 채지 못했던 장소 였다.

인도 요기 두 명이 기거하는 토굴엔 검둥개 한 마리와 몇 사람의 방 문객이 앉아 있었다. 이미 산책로에서 몇 차례 마주쳤던 묵나트 바바 Murknath Baba와 아나디 바바Anadi Baba가 만면에 웃음을 지으며 내게 자리 를 권했다. 내부를 둘러보자 토굴 안쪽 중앙에 시바 신의 그림이 걸려 있 고, 그 왼편에 요기의 스승인 듯한 바바지 사진이 액자에 모셔져 있었다.

묵나트 바바는 십이 년을 기한으로 삼 년째 묵언수행 중인 요기였다. 나는 필담을 통해 그와 대화를 나누었다. 그는 여섯 살 때 쿨루Kullu 계곡 에서 출가 수행자를 만나 요기가 되었다고 했다. 그가 묵언수행을 시작 한 건 얼마 전에 돌아가신 스승의 권유에 의해서였다. 그는 스승과 함께 지내던 히말라야 골짜기를 홀로 유랑하다 우연히 다람살라 골짜기로 스며들었다.

반면에 함께 기거하는 아나디 바바는 다람살라를 일곱 번이나 방문 한 요기였다. 그는 한 장소에 육 개월 이상 머물지 않는 요기들의 전통 에 따라 주로 바라나시와 다람살라 토굴을 오가며 지내는 중이었다. 같 은 곳에 오래 머물 경우 인연에 대한 집착이 생겨나는 걸 방지하기 위한 그들만의 생활 방식이었다.

나는 사람들 사이에서 천연덕스럽게 잠든 검둥개를 쓰다듬다 아나디 바바에게 물었다.

"다람살라에서 지낼 때와 바라나시에서 지낼 때 어떤 점이 가장 다릅니까?"

"신성은 내면에 있는 것이므로 출가 수행자인 내겐 어디나 똑같습니다. 어디에 사느냐보다 무엇을 하면서 지내느냐가 중요합니다. 여기는 한적해서 좋고 바라나시는 소란스러워서 좋습니다. 그렇다고 해서 두 군데만 오가며 지내는 건 아닙니다. 나는 갠지스 강이 시작되는 해발 삼천 미터 강고트리에서 한 철을 나기도 하고, 시바 신을 모신 케다르나트와 비슈누 신을 모신 바드리나트 골짜기를 누비고 다니기도 합니다. 우리는 마음이 일어나면 어디든 갈 수 있으며 그것이 바로 요기들의 삶입니다."

"그동안 가보지 않은 성지가 없겠군요?"

"처음엔 남인도 마헤시 사원에서 스승님과 칠 년을 함께 보냈습니다. 그곳을 나선 후 한 장소에 정착한 적이 없습니다. 세상은 넓고 바람은 멈추는 법이 없으니까요."

"당신의 스승은 어떤 분이셨습니까?"

"내겐 모두 다섯 분의 스승이 계셨습니다. 당신이 우연히 나를 찾아왔듯이, 그분들과 자연스럽게 인연이 맺어진 것이지요. 그들은 내게 경전 공부와 수행하는 법을 가르쳐주셨습니다. 지금 내가 하는 말, 사물을 바라보는 태도, 신을 찬미하는 손놀림 하나하나에 모두 그분들의 가르침이 스며들어 있다고 보시면 됩니다."

"이십여 년 전쯤, 벵골 지역에서 만난 수행자 한 분이 세상엔 팔백사십만 종류의 삶이 있다고 말씀하신 걸 들은 적이 있습니다. 아나디 바바께선 스스로 선택한 요기의 삶에 만족하십니까?"

"나는 지금 매우 행복하다고 말할 수 있습니다. 내가 출가 수행자이거나 아니거나, 사람들이 나를 존경하거나 말거나 아무런 상관이 없습니다. 나는 이미 요기이며 어떤 종교나 종파도 고집하지 않습니다. 나무에 물을 주면 새순이 돋고 꽃이 핍니다. 인간의 삶도 그러합니다. 음식은 신체를, 음악은 가슴을, 명상 수행은 영혼을 꽃피우게 합니다. 한 나무에서 수많은 꽃송이가 연이어 피어나듯 수행을 통해 조금씩 자유로워질 수 있다면 이번 삶은 그걸로 충분합니다."

나는 아나디 바바가 끓여준 차를 마신 다음 밖으로 나와 숲을 둘러보았다. 지난밤 폭우에 젖었는지 바위에 아무렇게나 널어놓은 이부자리와 옷가지들이 축축했다.

나는 두 사람의 요기가 토굴에서 피워낼 성스러운 꽃송이를 떠올리며 시바 신을 상징하는 다섯 개의 검은 돌에 경의를 표했다. 보이저 2호가 태양계를 벗어나 성간 우주를 탐사하고, 인공지능 산업과 새로운 문명이 눈부신 속도로 발전하는 순간에도 히말라야 신화는 여전히 탄생과 진화를 거듭하고 있었다. 문득 다람살라 요기들의 방식처럼, 이제 나도 인연이 깊어지기 전에 여길 떠날 때가 되었다는 생각이 들었다.

임 바유다스 충남 공주에서 태어나 중앙대학교 문예창작과를 졸업했다. 1993년부터 매년 절반 이상 인도와 히말라야 골짜기, 미얀마의 위파사나 명상센터 등을 오가며 생활하고 있다. 주요 저서로 인도를 배경으로 한 장편소설 『Are you going with me?』, 인도 기행 산문집 『떠나는 자만이 인도를 꿈꿀 수 있다』, 웨스트벵골 지역의 노래하는 성자 13인에 관한 『길 끝나는 곳에서 길을 묻는다』, 인도의 서사시 '라마야나'와 '마하바라타'를 토대로 건축된 앙코르 와트 답사기 『천 년의 신화, 앙코르 와트를 가다』, 장편 연작소설집 『인도로 가는 동안』 등이 있으며, 자유로운 삶을 모색하기 위한 통로로서 인도 탐구와 걷기명상 수행을 병행하고 있다. 현재 '바바 걷기명상연구소'와 강연 활동 및 '히말라야 양 두 마리 장학재단' 운영에 참여하고 있다.

메일 주소 : limdas@hanmail.net

도시산책 02

다람살라에서 보낸 한 철

2019년 1월 21일 초판 1쇄 펴냄

지은이 임 바유다스(임헌갑) | **펴낸이** 김재범
편집장 김형욱 | **편집** 강민영 | **관리** 강초민, 홍희표 | **디자인** 나루기획
인쇄·제본 굿에그커뮤니케이션 | **종이** 한솔PNS
펴낸곳 (주)아시아 | **출판등록** 2006년 1월 27일 | **등록번호** 제406-2006-000004호
전화 02-821-5055 | **팩스** 02-821-5057
주소 경기도 파주시 회동길 445(서울 사무소: 서울시 동작구 서달로 161-1 3층)
이메일 bookasia@hanmail.net | **홈페이지** www.bookasia.org
페이스북 www.facebook.com/asiapublishers

ISBN 979-11-5662-398-4 04910
           979-11-5662-181-2 (세트)

*값은 뒤표지에 표시되어 있습니다.

이 도서의 국립중앙도서관 출판예정도서목록(CIP)은 서지정보유통지원시스템 홈페이지(http://seoji.nl.go.kr)와 국가자료공동목록시스템(http://www.nl.go.kr/kolisnet)에서 이용하실 수 있습니다.(CIP제어번호 : CIP2018039912)

이 도서는 한국출판문화산업진흥원의 출판콘텐츠 창작 자금 지원 사업의 일환으로 국민체육진흥기금을 지원받아 제작되었습니다.